DÉCOUVREZ LE LANGAGE SECRET DU TAROT

À tous les amoureux des symboles.

Titre original : *Unlocking the Secret Language of Tarot*
Publié pour la première fois en anglais par Weiser Books,
une marque de Wheel/Weiser, LLC.
https://redwheelweiser.com/

Traduit de l'anglais par Marie Renier.

ISBN : 978-2-38297-131-4

www.editions-tredaniel.com
info@guytredaniel.fr
www.facebook.com/tredanieleso
@tredaniel_eso

Ruth Ann et Wald Amberstone
Préface de Mary K. Greer

DÉCOUVREZ LE LANGAGE SECRET DU TAROT

22 clés pour décrypter
tous les symboles

Intuitives
ÉDITIONS

SOMMAIRE

PRÉFACE

> « Le tarot est symbolisme, il ne parle aucune autre langue et n'offre aucun autre signe. »
> – A. E. Waite, *The Key to the Tarot*

Cette citation de A. E. Waite, créateur avec Pamela Colman Smith du tarot Rider-Waite-Smith présenté dans cet ouvrage, révèle ce qu'il y a de plus important à savoir quand on pratique le tarot. Ruth Ann et Wald Amberstone proposent d'explorer en profondeur les vingt-deux symboles du Rider-Waite-Smith, le plus influent de ces cent dernières années. Les auteurs ne se contentent pas de donner des informations : ils offrent ici de véritables leçons qui vous permettront d'approfondir votre compréhension et votre appréciation du fonctionnement des symboles – dans le Rider-Waite-Smith, dans les autres tarots et dans la vie en général. Ce livre va vous apprendre comment envisager chaque symbole, comment déployer ses significations potentielles et comment découvrir, à l'aide de tirages et d'exercices, où et de quelle manière il intervient dans votre vie.

Vous avez entre les mains un manuel pratique. Vous allez apprendre à exploiter les symboles de plusieurs manières :

- Les symboles qui reviennent sur plusieurs cartes d'un même tirage suggèrent une thématique importante dans la situation que vous vivez. Plusieurs soleils, par exemple, peuvent signifier qu'être en vie, c'est avoir le pouvoir d'agir en conscience.

- Un symbole qui vous saute aux yeux et attire votre attention vous délivre un message. Si vous vous concentrez plus sur le cheval que sur le Cavalier, c'est peut-être que vous devriez suivre votre instinct animal.
- Après la lecture des pages qui lui sont consacrées, un symbole que vous n'aviez encore jamais repéré peut signaler un élément négligé ou bloqué en vous, et désormais prêt à être dévoilé.
- Les significations suggérées par les auteurs sont autant de questions que vous pouvez vous poser. Par exemple, en vous bandant symboliquement les yeux, comment ou dans quels domaines est-ce que vous empêchez les distractions du monde extérieur d'interférer avec des messages plus profonds ?
- Vous allez également apprendre, en sondant votre intériorité, à déceler ces symboles en vous.

Ce livre n'est pas une simple liste de correspondances et de significations : ces dernières figent les symboles, elles en font des signes morts, dénués de toute énergie. Il s'agit plutôt d'en « ressentir » l'essence – une réflexion merveilleuse, toute en cercles et en spirales, sur les symboles, ces signatures énergétiques et dynamiques de nos plans intérieurs qui nous rappellent notre vérité : nous sommes à la fois humains et divins. Les symboles sont ce que Waite appelle, dans son livre sur le Saint-Graal, « une rumeur, une légende, une voix, un témoin inconnu d'une [intériorité] sacrée et secrète ». « Tout dépend de la capacité de l'esprit à se donner un sens vivant, au-delà des Symboles et des Sacrements », nous défie-t-il. Votre tâche sera de vous immerger dans la présence de ce mystère. Les recommandations contenues dans cet ouvrage vous y aideront.

Waite poursuit son explication du symbolisme : « Sur le plan supérieur, il est une clé pour comprendre les mystères. » Les auteurs nous révèlent, par exemple, que les colonnes représentent des passages vers la connaissance, des portes qui nous permettent d'entrer et de sortir des secrets, des mystères. Le tarot, expliquent-ils, est un temple fait de symboles, et non de briques ou de pierres. Il renferme la « lueur de la présence divine susceptible de s'embraser en vous ». Tous ces symboles évoquent une forme de vérité qui constitue le mystère enfoui au cœur du temple. Parvenir à ce cœur revient à s'accomplir.

Comme Waite, Ruth Ann et Wald Amberstone vouent leur vie à explorer en quoi les symboles du tarot sont des « portes qui s'ouvrent sur des royaumes de vision, au-delà des rêves occultes » (Waite, *Shadows of Life and Thought*). C'est ce que Waite nomme la Tradition secrète, Helena P. Blavatsky, la Doctrine du secret et les troubadours, le Saint-Graal. Non, cet ouvrage ne vous dira pas comment vous enrichir rapidement. Son secret à lui se rattache à la chose la plus simple et la plus ardue qui soit. Et ce n'est un secret que parce qu'on ne peut le connaître véritablement qu'en en faisant l'expérience, en le vivant.

Bienvenue dans un livre dans lequel vous allez apprendre à envisager les symboles d'une autre manière et à vous les approprier. Votre expérience du tarot n'en sera plus jamais la même.

Mary K. Greer

À PROPOS DES ILLUSTRATIONS

En décembre 1909, l'éditeur Rider and Son lance un nouveau tarot, conçu par Arthur Edward Waite et Pamela Colman Smith. Le projet est commercial et vise, selon Waite, à « rectifier » le tarot. À l'époque, ils sont difficiles à trouver en Angleterre et doivent être importés du continent. Le tarot importé est celui de Marseille, le plus courant alors. Ses cartes numérales sont illustrées, par exemple, de six coupes ou de huit épées. Le tarot de Waite-Smith révolutionne ce système en ajoutant des scènes qui illustrent la signification de chaque carte. Aujourd'hui, tous les tarots reprennent ces images évocatrices.

La « rectification » de Waite passe aussi par l'inversion de la Force et de la Justice, pour des raisons non dévoilées à l'époque. En vous penchant sur les signes astrologiques associés aux arcanes majeurs, vous trouverez la réponse de vous-même.

Dans le numéro de *The Occult Review* de janvier 1910, également publié par Rider and Son, l'éditeur Ralph Shirley mentionne que Pamela Smith, avant d'illustrer ce nouveau tarot, a étudié des cartes du XIVe siècle. Il est plus que probable que ce soit à la demande de Waite. Waite s'y connaissait en tarot, Smith en design et en illustration. Le mariage de leurs talents était parfait et le Rider-Waite-Smith (RWS) est toujours produit et reste populaire, même s'il ne correspond plus à la norme des tarots d'aujourd'hui.

Dans le même numéro, probablement commercialisé début décembre (les magazines sortant quelques jours avant leur mois de parution officiel), le RWS est proposé au prix exclusif de cinq shillings – sept shillings et six pence avec *The Key to the Tarot* (de Waite) en version reliée, sept shillings avec sa version brochée. Le livre est également proposé à la vente séparément.

The Key to the Tarot, qui devient *The Pictorial Key* en 1911, quand les dimensions de l'ouvrage sont revues à la hausse pour y inclure des illustrations, est un ouvrage décisif. Bien qu'il soit par endroits difficile à comprendre, il relate avec sérieux l'histoire du tarot et propose plusieurs niveaux d'interprétation des cartes, ainsi que plusieurs options de tirage. La partie la plus intéressante du livre, que tout le monde semble avoir réédité, est sa bibliographie. Waite donne un avis cinglant sur la littérature disponible à l'époque – une bonne manière d'apprendre à séparer les faits des fantasmes.

Waite, écrivain cultivé et prolifique, spécialisé dans l'occultisme, rassemble les réflexions de son temps sur le tarot et crée une nouveauté dynamique. Smith exécute avec brio les idées d'illustration qu'il lui soumet. L'artiste n'a jamais vraiment percé, en raison notamment d'échecs commerciaux et financiers. Elle excelle dans l'illustration de livres et possède une formation solide en scénographie, ce qui transparaît dans les cartes – chacune représente un tableau riche de sens, qui peut être déchiffré pour peu qu'on en connaisse le code. Bien que les cartes du RWS aient toutes été illustrées en moins d'un an, elles témoignent de la sophistication et des compétences de cette dessinatrice chevronnée, qui respecta les impératifs de la structure du tarot et imagina des interprétations qui résonnent encore aujourd'hui.

Le tarot fut réimprimé plusieurs fois, avec quelques changements dans les dessins, les plaques lithographiques s'érodant avec le temps. À l'heure actuelle, on connaît quatre des premières éditions, numérotées Pam A à Pam D. Une cinquième édition sortit en 1909 – qui reprenait en fait la première, Pam A, mais avec un dos décoré de lys et de roses bleues. Cette variante fut un échec commercial et ne fut pas réitérée. Le tarot le plus commercialisé aujourd'hui reprend le dessin de la Pam A avec quelques changements mineurs dans les couleurs, les encres modernes n'étant pas tout à fait identiques à celles d'alors. L'esprit du tarot originel reste présent, bien qu'il y manque quelques subtilités et détails. Les illustrations de la version Pam A sont également reprises dans *The Pictorial Key to the Tarot*, de Waite.

La plupart des tarots contemporains utilisent la même structure que celle du RWS, malgré les positions respectives de la Force et de la Justice. Les arcanes mineurs sont illustrés, souvent de la même manière que le RWS, mais avec d'autres parures, d'autres décors. Je le déplore. Le RWS est devenu une référence, tout comme les versions européennes du tarot de Marseille, et l'interprétation se concentre désormais davantage sur l'illustration que sur la portée et le sens de la carte elle-même. Un jour peut-être verrons-nous une nouvelle collaboration réussie entre conception et illustration, comme ce fut le cas avec le RWS.

J'ai vu pour la première fois, ce qu'on appelle aujourd'hui la «version Pam A», à la fin des années 1970, dans un marché aux puces ambulant. Le marchand avait deux tarots dans leurs étuis, l'un accompagné d'un livre, l'autre non. Je n'avais pas beaucoup d'argent, mais j'ai pris celui avec le livre. Pourquoi? Parce qu'il s'agissait d'un exemplaire de mon premier tarot, qui était aussi mon préféré, et parce qu'il était ancien – 1910, d'après le livre. Les couleurs, en outre, étaient particulièrement impressionnantes – similaires à celles de mon tarot actuel mais plus subtiles, plus agréables à l'œil. Cet achat me donna envie d'en apprendre plus sur l'histoire de ce tarot et sur tous ceux qui participèrent à ses multiples incarnations, réimpressions et contrefaçons. C'est une quête fascinante et bien que je connaisse désormais ses cartes et leurs origines, leur histoire complète m'échappe, comme aux autres chercheurs. La vie doit garder une part de mystère, le RWS en fait partie. Le RWS joue un rôle fondateur dans l'histoire du tarot et a changé la manière dont nous envisageons les cartes. Un jour ou l'autre, quelqu'un arrivera qui réinterprétera le tarot et ses illustrations et changera une fois encore l'idée que nous en avons. Et tant mieux, car le tarot est vivant – autrefois simple jeu d'argent, il est aujourd'hui un outil de divination et d'interprétation. Que sera-t-il ensuite?

Les illustrations de cet ouvrage viennent des plaques d'impression d'origine du Rider-Waite-Smith. Ruth Ann Amberstone en a souligné certains détails pour vous aider à concentrer votre attention sur les caractéristiques significatives de chaque carte. Plus vous les regarderez, plus vous en repérerez. Le RWS me fascine depuis plus de trente ans. J'espère qu'il vous intriguera à votre tour pendant quelque temps.

Holly Voley

INTRODUCTION

Si Carl Gustav Jung dit vrai, les images archétypales sont universelles, mystérieuses et pleines de sens. Et si les théoriciens du tarot moderne disent vrai, le tarot est purement archétypal – ses images contiennent et expriment toute son universalité, ses mystères et son sens.

D'après eux, l'intuition permet de comprendre la signification des cartes, portée par les illustrations, directement et sans erreur. Cela serait indubitablement vrai même pour des observateurs novices, et plus encore avec l'expérience. L'être humain, disent-ils, pense avant tout en images. Les images ont du sens et elles communiquent ce sens même sans qu'on l'ait appris. N'est-ce pas ce que vous avez pu observer ?

Or, pour ceux que le tarot fascine, l'intuition seule suffit rarement. L'envie d'apprendre, d'étudier, de savoir est irrésistible. Vous en avez très certainement déjà fait l'expérience.

Si c'est le cas, et que votre envie de savoir est forte, alors vous vous êtes rendu compte qu'étudier le tarot s'apparente à la quête du Graal. Le Graal du tarot, c'est le sens – et il est insaisissable, comme tout Graal se doit de l'être. L'interrogation « Que veulent dire les cartes ? » est écrite à l'encre invisible sur l'étendard de tous les adeptes du tarot, vous compris.

« Que veulent dire les cartes ? » Des réponses ont été apportées, encore et encore, depuis la naissance du tarot. Mais aucune n'est pleinement satisfaisante, aussi la quête n'est-elle jamais terminée.

Si vous faites partie de ceux qui cherchent un sens dans les illustrations des cartes, votre tâche a été à la fois facilitée et complexifiée par la multiplication des tarots modernes. Chaque tarot se distingue des autres avant tout par ses illustrations, qui toujours apportent des nuances et des originalités nouvelles. Il existe des milliers de tarots, commercialisés ou épuisés, et des centaines d'autres sont constamment en cours d'élaboration. Peut-être êtes-vous d'ailleurs en train d'imaginer le vôtre. Des centaines de milliers d'illustrations ont été créées pour nous indiquer le sens des soixante-dix-huit mystérieux archétypes. Plonger dans cet océan de créativité apporte un plaisir et un intérêt immenses.

Toutefois, il semble clair que le Graal, le sens, échappe à cette pléthore d'images, même si elles se comptent en millions. En réalité, il nous échappe plus que jamais, tel un portrait reflété à l'infini. Cette image me semble juste, mais je dois admettre que cette prédilection est très personnelle. À vous de juger par vous-même.

Il me semble également juste, et pour la même raison, qu'au final un mot vaille un millier d'images. Une image n'aura aucun sens pour vous si elle ne représente pas quelque chose dont vous connaissez le nom – et au-delà de ça, la description et une manière de la rattacher à ce que vous savez déjà.

L'image doit représenter une chose qui puisse être nommée. Avant d'avoir du sens, il lui faut une description, un contexte. Et, dès lors qu'elle a cette description, ce contexte, l'image communique plus vite que les mots, ou même les pensées. Là réside, pour moi, la richesse des cartes du tarot.

Ce qui nous ramène au livre que vous tenez dans les mains. Son intérêt découle des informations substantielles qu'il contient, afin que chaque carte prenne du sens et vous parle au premier coup d'œil.

L'apport de ce livre à votre quête de sens, c'est la focalisation. Il dirige l'œil et l'attention sur les détails cruciaux et distincts qui composent une image. Chaque zone de chaque illustration révèle alors un trésor de connaissances et de significations. Votre intuition s'enrichit d'un savoir inimaginable dans lequel vous pourrez puiser sans jamais le tarir.

Une image, même belle, ne peut ni intriguer ni fasciner si elle ne veut rien dire. Les illustrations du tarot ont un sens pour vous – sinon, vous ne seriez pas en train de lire ces lignes. Si vous poursuivez votre lecture, j'espère et crois que ce que vous apprendrez apportera un plaisir d'une profondeur insoupçonnée à votre quête du Graal dans le tarot.

Un dernier mot, un murmure, pour intensifier encore cette quête. Vous pourriez bien découvrir, en chemin, qu'apprendre implique de faire et que faire peut être aussi convaincant que le plus fascinant des savoirs. Bonne lecture !

Wald Amberstone

COMMENT UTILISER CE LIVRE

Si vous pratiquez le tarot, ou si vous l'apprenez, ce livre a été écrit spécialement pour vous. Dans le cas contraire, le fait que vous lisiez ces pages m'incite à penser qu'il y a de fortes chances pour que vous trouviez leur contenu fascinant.

Rédigé au départ comme support pour notre cours sur l'imagerie du Rider-Waite-Smith, cet ouvrage a été créé pour que vous vous lanciez dans l'investigation des symboles. Bien que ce livre puisse servir de référence et être lu en piochant au hasard des pages, mieux vaut le parcourir du début à la fin. Même si les symboles peuvent être envisagés indépendamment les uns des autres, leur association vous mènera à de puissantes conclusions.

ORGANISATION DU LIVRE

Contrairement aux dictionnaires habituels, ce livre est un ensemble de leçons et n'est donc pas organisé par ordre alphabétique des symboles. Chacun des sept chapitres regroupe plusieurs symboles ayant un thème commun. Les six premiers portent chacun sur trois symboles, le septième, sur quatre – soit vingt-deux au total. Les concepts qui sous-tendent chaque groupe, parfois peu évidents au premier abord, sont développés dans la partie « Ancrage ». À la fin de chaque chapitre figure un tirage particulier, spécialement conçu pour le groupe de symboles étudié.

SIX MANIÈRES D'UTILISER CE LIVRE

1. Lisez-le pour le plaisir des connaissances enthousiasmantes et inattendues qu'il contient. Ce livre plaira à tout le monde, et surtout à ceux qui pratiquent le tarot.
2. Utilisez-le pour renforcer votre intuition dans vos tirages. Ses informations fiables viendront enrichir votre lecture intuitive des cartes. Tout le monde peut regarder une carte de tarot et l'interpréter à sa manière, mais très peu de gens savent véritablement ce qu'ils ont sous les yeux.
3. Utilisez-le pour traduire le symbolisme des illustrations d'un tarot à un autre. Une couronne ou une montagne dans un tarot peuvent avoir des connotations très similaires dans un autre.
4. Utilisez-le en tant qu'outil de divination, telle la bibliomancie. Posez une question, puis ouvrez le livre au hasard – vous obtiendrez une réponse fiable, intéressante et utile.
5. Les connaissances et perspectives présentées amplifieront votre appréciation du monde qui vous entoure. Les nuages, les jardins et les colonnes vous apparaîtront d'une tout autre manière… vous ne les apprécierez que mieux.
6. Vous faites peut-être partie des nombreux adeptes qui envisagent de créer leurs propres cartes. Si c'est le cas, les idées et indications détaillées de ces pages vous seront particulièrement utiles. Elles pourront également vous suggérer de nouvelles pistes de recherche.

L'imagerie du tarot a été conçue pour provoquer une réaction émotionnelle immédiate, intuitive et sûre chez tout le monde, connaisseur du tarot ou non. C'est là son pouvoir et son génie. Toutefois, la connaissance est gratifiante et apporte un plaisir profond et tout à fait spécial.

De nombreux dictionnaires des symboles abordent les images du tarot, bien que les informations fournies soient souvent trop générales, trop spécialisées ou trop brèves. *Découvrez le langage secret du tarot* a été spécialement pensé pour adjoindre des connaissances à vos réactions instinctives face aux cartes et vient significativement prolonger ce qui a déjà été écrit.

CHAPITRE 1

Couronnes, colonnes, roses et lys

Bienvenue dans ce livre consacré aux symboles et à l'intuition, que nous appelons le « langage secret du tarot ». Nous allons, ensemble, explorer la signification des composantes visuelles du tarot en détail et en profondeur. À la fin de ce livre, vous aurez un corpus conséquent et précieux pour vous former aux différents symboles du tarot et ainsi approfondir votre connaissance des cartes. Vous allez apprendre à percer le sens que cachent vingt-deux symboles bien spécifiques.

Ces symboles se fondent sur les cartes du Rider-Waite-Smith, mais les informations données sont transférables à n'importe quel tarot. Le contenu de cet ouvrage offrira à votre intuition de nouvelles ressources sur lesquelles s'appuyer. Le symbolisme et la portée des images du tarot sont à la fois universels, ésotériques et propres au tarot. Ils s'ancrent dans plusieurs siècles d'histoire et seront, nous l'espérons, amusants à apprendre et utiles à maints égards.

LES COURONNES

Commençons par les couronnes. Dans le RWS, dix-neuf cartes comportent des couronnes. Elles sont de formes variées et possèdent toutes une signification particulière. Ces dix-neuf cartes sont la Grande Prêtresse, l'Impératrice, l'Empereur, l'Hiérophante, le Chariot, la Justice, la Mort, la Tempérance, la Tour, l'As d'Épées, le 4 de Pentacles, ainsi que tous les Reines et Rois.

Commençons par le sens général de la couronne, tiré du symbolisme universel. Les trois principaux aspects de ce symbole sont les suivants :

1. Sa position au sommet de la tête en fait un symbole d'importance majeure. Elle se rattache à la fois à la tête (le sommet) et à ce qui est au-dessus de la tête, comme un cadeau du Ciel. Elle indique également l'aspect transcendantal de toute grande réussite ou accomplissement.
2. Sa forme circulaire est un symbole de perfection. Cet anneau porté sur la tête unit ce qui est au-dessus et ce qui est en dessous.

3. Le matériau d'une couronne relie son porteur à la divinité associée avec le matériau en question. Une couronne en or, par exemple, associe celui qui la porte avec les propriétés alchimiques de l'or (pureté, perfection, atteinte de l'état le plus élevé qui soit en dedans comme au-dehors).

Le mot « couronne » vient du latin *corona*, qui lui-même vient du grec *korone* (incurvé) et *kornu* (cornes).

La **couronne** désigne le rayonnement qui émane d'une source de lumière. Le principal exemple physique et symbolique de la couronne est le halo lumineux qui entoure le soleil. Dans les illustrations des alchimistes, chaque planète reçoit du soleil, sous forme de couronne, un rayonnement particulier.

La couronne qui entoure un objet physique ou symbolique est représentée soit sous forme de cercle concentrique, soit de rayons. Une auréole, par exemple, est une couronne spirituelle qui entoure la tête d'un être spirituellement élevé.

Un **diadème** est une couronne de petite taille qui ceint la tête ou la coiffe de cérémonie d'une figure royale. Il symbolise une autorité laïque encouragée par le divin.

Une **gloire** est un arc ou un cercle de rayons entourant un autre symbole. Elle suggère une inspiration ou une protection divine.

Korone, « incurvé » en grec, désigne dans ce contexte tout cercle, quelle que soit sa taille, placé sur la tête pour marquer une connexion avec les dieux. Ce peut être une couronne de fleurs, une crête, des cornes, ou encore une couronne, un diadème ou une tiare.

Voici quelques exemples de couronnes dans le tarot :

- Cornes d'Isis (Grande Prêtresse)
- Diadème du zodiaque (Impératrice)
- Couronne bombée (Empereur, Tour)
- Tiare papale (Hiérophante)
- Diadème céleste (Chariot)

- Couronne dentelée (Justice, 4 de Pentacles)
- Gloire (Tempérance)
- Diadèmes stylisés (rois et reines)

De tout temps, la couronne a été associée à la royauté – et celle-ci n'est conférée que par reconnaissance divine, symbolisée par la couronne. La couronne est également un symbole d'accomplissement ultime, un signe de victoire que l'on retrouve dans tous les domaines (un projet « couronné de succès », le « sacre d'un champion » dans le sport, etc.). Chez les organismes vivants, la couronne désigne le sommet (de la tête, d'un arbre).

Personne ne devient roi ou reine de quoi que ce soit sans couronne. Le rituel du couronnement, qui établit et légitimise une autorité royale, consiste à placer une couronne sur la tête du monarque.

Au tarot, chaque couronne possède une symbolique propre. En voici trois exemples.

La Grande Prêtresse

La couronne de la Grande Prêtresse est celle d'Isis/Hathor – deux noms pour la Déesse Mère égyptienne qui donna naissance au reste du monde. Hathor était la reine du Paradis, et Isis « la plus ancienne de tous les anciens, présente dès le commencement ».

LA GRANDE PRÊTRESSE

La déesse, sous ses deux formes d'Isis et d'Hathor, aurait donné naissance au soleil : Hathor fut l'ouette du Nil qui pondit l'œuf solaire, tandis qu'Isis donna le jour à Horus, réincarnation d'Osiris. L'utérus qui abrita Horus, en hiéroglyphes, se lit « Hat-Hor » – Hathor.

Isis et Hathor forment un tandem qu'on dit parfois composé d'une mère de

Lumière et d'une mère des Ténèbres. Par la suite, Isis fut associée à sa jumelle de l'ombre, Nephtys. À elles deux, elles assurent l'immortalité des pharaons grâce au cycle naissance – mort – résurrection.

L'emblème de ces déesses associées, comme l'illustre la couronne de la Grande Prêtresse, est un disque solaire posé entre les cornes de la déesse Lune/déesse Vache. Le disque central évoque l'esprit masculin sur le point de renaître (Horus), encadré et protégé par les cornes de la déesse, l'une de lumière et l'autre d'ombre.

Dans les cultures grecque et romaine, Isis, Mère divine, « sauveuse éternelle de la race humaine », était hautement vénérée. L'image d'Isis allaitant Horus devint le modèle des Vierges tenant dans leurs bras l'enfant Jésus. Une partie du mythe et du culte voué à Isis fut, à l'ère chrétienne, transférée vers la Vierge Marie.

La couronne d'Isis est associée, chez la Grande Prêtresse, à des robes fluides et au croissant de lune à ses pieds, symboles de Marie, Étoile de la mer (*Stella Maris*). Se rejoignent ainsi, dans une même image, la spiritualité de l'Ancienne Égypte et celle des chrétiens.

Le néopaganisme vénère la lune représentée sur la couronne de la Grande Prêtresse (dans ses phases croissante, pleine et descendante), qui symbolise la Déesse Triple (la Jeune fille, la Femme et la Vieillarde).

Tout cela fait de la couronne de la Grande Prêtresse un symbole universel de l'autorité originelle du féminin divin. Dans un tirage, il sera utile de se rappeler la puissance du féminin, la lune et ses phases, et la spiritualité des femmes.

L'Hiérophante

La couronne de l'Hiérophante est une couronne en or dentelée à trois étages, ces derniers évoquant le pouvoir conféré par les dieux sur les trois royaumes. La partie supérieure, dentelée, symbolise les rayons du soleil.

La tiare papale est un triple diadème posé sur un *camelaucum* – une coiffe simple portée à la cour byzantine aux XVIIe et XVIIIe siècles

et signe d'un statut social supérieur. Les diadèmes furent ajoutés l'un après l'autre au fil des siècles et sont probablement plus ornementaux que symboliques. Néanmoins, la tiare papale évoque une autorité à la fois spirituelle et séculière – le pape étant à la tête de l'Église catholique mais aussi du Vatican.

Derrière ce symbole chrétien se cache en outre une référence maçonnique. Les trois étages de la couronne font en effet écho aux trois degrés de la franc-maçonnerie, à ses trois niveaux d'initiation et aux trois niveaux de la conscience humaine. Cette couronne est le symbole du Professeur.

Le premier niveau correspond au grade de l'Apprenti, qui axe ses efforts sur son corps et sur son existence sociale. L'apprenti cherche à perfectionner ses habitudes physiques, son éthique de travail et son comportement en société.

Le deuxième niveau correspond au grade de Compagnon, dont les efforts portent cette fois sur l'esprit et la psyché. Le compagnon pratique l'introspection, mais aussi la réconciliation et la complétude psychologiques. Il s'instruit et affine son intellect.

Le troisième niveau est celui du Maître, dont le travail est spirituel. Le maître se concentre sur le cœur et sur l'âme – les siens et ceux des autres. Il mène cet effort en enseignant et en offrant sa guidance morale et symbolique.

La couleur d'or de la couronne est une référence alchimique à la pureté et à la perfection du Soi au travers du Grand Œuvre.

Les trois traits verticaux qui la surmontent sont une référence cabalistique à la lettre de l'alphabet hébreu associé à l'Hiérophante, *Vav*. Le mot signifie « crochet » et renvoie à la manière dont l'Hiérophante, tout comme le professeur de tarot, lie ses nobles enseignements au corps physique de ses disciples.

Dans un tirage, la couronne de l'Hiérophante doit vous évoquer le leadership spirituel, un effort moral, psychologique et spirituel, et le processus d'apprentissage en général.

Le Chariot

La couronne du Chariot est un symbole maçonnique qui mêle le soleil, la lune et les étoiles, et la gloire. Elle évoque la règle de trois maçonnique qui dit, en bref, que toute chose visible est double et possède deux facettes – active et passive, exubérante et sévère, lumineuse et pâle, stable et changeante – et qu'un principe modérateur invisible et divin relie les opposés.

Le soleil symbolise tout ce qui est actif, exubérant, lumineux et stable. La lune évoque tout ce qui est passif, sévère, pâle et changeant. La gloire est le symbole de la perspective divine qui se manifeste dans le monde physique et résout toutes les dualités. Sur cette carte, la couronne symbolise la conscience qui cherche à se contrôler en harmonisant toutes ses dissensions intérieures. Le soleil, la lune, les étoiles et la gloire représentent toutes les formes et forces intérieures canalisées dans une même volonté, une même sagesse.

La couronne est également une référence cabalistique au nom ésotérique de la carte, « Maison de l'Influence », qui amène ce qui est bon dans le monde d'en haut vers le monde d'en bas, et inversement. Elle représente une astrologie spiritualisée du soleil, de la lune, des étoiles et de la gloire qui gouverne, organise et inclut – elle symbolise le Tout invisible caché dans ses composantes visibles.

Dans un tirage, la couronne du Chariot évoque l'équilibre, l'harmonie, le self-control et la sagesse nécessaires pour rapprocher des forces opposées. Elle peut aussi rappeler les bienfaits qui découlent d'une telle harmonie.

LES COLONNES

Les créateurs de l'univers visuel du Rider-Waite-Smith étaient des gens sérieux – ils avaient probablement peu d'humour, peu de sentiments, mais une très grande intelligence. Cela étant dit, leurs réflexions et leurs illustrations sont extrêmement intéressantes.

Nous sommes encore au début de notre description des symboles dans le tarot et vous vous posez peut-être cette question : « Que m'apporte telle information ? » Elle provient de l'ésotérisme, de l'histoire de l'art ou du symbolisme en général ; elle peut être intéressante, ou non, mais surtout : est-elle liée à vous d'une manière ou d'une autre ? En quoi peut-elle vous concerner ?

Eh bien, voici comment. Le tarot tout entier repose sur des symboles, qui n'ont ici que deux objectifs :

1. Vous montrer la voie vers votre nature supérieure, vers ce qu'il y a de meilleur et de plus pur en vous. Ils désignent le chemin pour y parvenir à tous ceux qui souhaitent l'entreprendre. Ils ne sont peut-être pas importants pour vous maintenant, mais un jour ou l'autre de votre vie, vous serez bien contents qu'ils vous guident.
2. Apporter une énergie divine au monde de tous les jours. Les symboles parlent de l'ordinaire d'une manière puissante, utile et vous apprennent à faire de même.

Quoi qu'il en soit, ils nous rappellent de quoi le monde est fait, de quoi un individu est fait dans la perspective du tarot. Les cartes peuvent donc nous aider nous-mêmes et nous permettre d'aider les autres. Il est difficile d'être médecin si on ne connaît pas l'anatomie du corps humain – et justement, ces images parlantes constituent l'anatomie du tarot.

Les symboles opèrent comme des transformateurs électriques. Au moment où l'électricité est générée dans une centrale, elle se mesure en milliers, en dizaines de milliers de volts. À la maison, vos appareils électriques n'utilisent que 220 volts chacun. Entre la source d'énergie et son utilisation finale interviennent toute une série de transformateurs qui abaissent la tension et ramènent cette puissance démesurée à une puissance utilisable, pratique, utile. Dans le tarot, ce sont les images qui jouent ce rôle de transformateurs.

Dans la section précédente, nous avons parlé de la couronne. Ce qu'il est important de retenir, c'est que, si un jour vous avez le droit de porter une couronne, elle vous rendra unique. Dans tout royaume, il n'existe qu'une seule couronne, et elle est le symbole de ce qu'il y a de meilleur, de plus grand et de plus responsable chez celui qui la porte.

Dans le meilleur des cas, la couronne unit le porteur à son Soi supérieur. Dans le pire des cas, elle donne de l'autorité à une personne qui ne la mérite pas et crée un tyran.

Nous en arrivons maintenant aux colonnes.

Ce que vous devez savoir et retenir de la colonne en général, c'est sa masculinité. Elle se dresse à la verticale depuis un plan horizontal, le sol. Elle se veut un contraste absolu avec l'ordinaire et symbolise une différence volontaire. Il arrive bien sûr que la colonne devienne féminine, nous y reviendrons plus tard.

Les colonnes ont quatre fonctions :

1. Soutenir
2. Délimiter
3. Identifier
4. Séparer

Quand elle soutient, la colonne empêche ce qui est surélevé de tomber. C'est le cas des édifices, dans lesquels des piliers structurels supportent les toits et les étages supérieurs. Détériorer ces piliers, ou les supprimer, revient à menacer le bâtiment tout entier. C'est le cas également des structures sociales et symboliques. Certaines traditions, certains rites, certains individus sont perçus comme des piliers structurels. Même le paradis est supposé reposer sur des colonnes.

Cette fonction de soutien suppose de la volonté, de l'endurance, de la détermination, la capacité aussi à abandonner son individualité au profit du bien commun. La colonne est une humble servante.

Une colonne sert aussi à délimiter. Il n'est plus question de force ici. Une colonne seule ne suffit pas : il doit y en avoir plusieurs. Ensemble, elles définissent une ligne, un cercle, elles marquent une frontière entre le monde ordinaire et un espace spécial, sacré même. Là encore, l'individualité de cette structure phallique est subordonnée à un objectif collectif.

La troisième fonction de la colonne est de signaler l'existence d'un dieu ou d'un héros. Ainsi érigée, elle est une revendication : « Ici vit l'esprit de..., dont le nom est sacré/glorieux. » Dans cette forme, et uniquement dans celle-ci, la colonne se suffit à elle-même. Elle ne sert qu'à soutenir un souvenir important ou à rappeler une personnalité puissante.

Aucune de ces trois fonctions ne se retrouve dans le RWS. Pourquoi les mentionner ? Pour le plaisir et au cas où vous rencontriez ces types de colonnes dans un autre tarot.

La quatrième fonction de la colonne est de séparer un état d'un autre. Les colonnes fonctionnent ici par paires. Elles définissent une porte, une entrée vers un espace sacré, vers les mystères d'un état ou d'une conscience supérieure. C'est ainsi qu'elles apparaissent dans le tarot, et sur trois cartes seulement : la Grande Prêtresse, l'Hiérophante et la Justice.

Rappelez-vous que le tarot n'est rien d'autre qu'une infusion de symboles. Le RWS, notamment, est un monde de symboles issus d'une lignée triple :

1. L'univers rituel de l'Ordre de l'Aube dorée. Nombre de ses symboles sont repris dans le tarot, et le tarot lui-même est utilisé dans ses rituels. Ce langage universel permet de passer d'un jargon ésotérique

à un autre. Dans le tarot, l'alchimie se mue facilement en Kabbale, qui à son tour se traduit en astrologie et numérologie, etc.

2. L'Aube dorée, elle, s'inspire fortement du symbolisme et des rituels de la franc-maçonnerie, qui n'a rien à voir avec le tarot. Le symbolisme du RWS provient principalement de la franc-maçonnerie.
3. Le symbolisme franc-maçon est issu d'un mélange des philosophies et des religions bibliques, grecques et égyptiennes, chacune ayant tenté à sa manière d'expliquer Dieu, l'homme et le monde. La franc-maçonnerie a transformé ces explications en images et en symboles qu'elle a entremêlés et fusionnés à sa façon, pour concevoir sa propre explication de la nature des choses.

Ce qui nous ramène aux colonnes et au tarot : comme nous l'avons vu, seules trois cartes comportent des colonnes – la Grande Prêtresse, l'Hiérophante et la Justice. Si vous comprenez les colonnes de la Grande Prêtresse, vous comprenez l'essence des autres. Ici, les colonnes deviennent féminines.

La Grande Prêtresse

LA GRANDE PRÊTRESSE

Trois aspects des colonnes de la Grande Prêtresse se distinguent particulièrement :

Tout d'abord, il y en a deux – c'est donc que vous avez sous les yeux un symbole d'initiation. D'un côté du passage qu'elles forment se tient celui qui les regarde – vous qui êtes dans le monde, ignorant mais conscient que les franchir vous permettra d'accéder à la connaissance. Ces colonnes représentent les lèvres qui marquent l'entrée vaginale vers le Saint des Saints, lieu des mystères féminins.

Ensuite, une colonne est noire, l'autre blanche. On a naturellement tendance à penser qu'elles symbolisent des opposés complémentaires tels que le jour et la nuit, l'ombre et la lumière. C'est juste. La magie rituelle semble avoir introduit ces couleurs en s'appropriant les rituels égyptiens, mais rien ne prouve qu'ils soient véritablement égyptiens.

Il existe une cérémonie d'initiation ésotérique dans laquelle on juge l'âme à la manière du tribunal égyptien. Deux colonnes, l'une noire et l'autre blanche, composent le décor. Le candidat à l'initiation s'avance devant les colonnes et procède à une « confession négative » en affirmant n'être pas coupable des quarante-deux péchés et manquements associés aux quarante-deux juges du tribunal. Outre cette confession négative, il doit prouver ses connaissances ésotériques et déclarer plusieurs niveaux de purification avant d'être autorisé à continuer. Tout ce processus est gravé sur les colonnes, bien que ce ne soit pas visible sur la carte.

La troisième caractéristique des colonnes de la Grande Prêtresse, et la plus mystérieuse, ce sont les lettres qu'elles arborent : un B blanc sur la colonne noire et un J noir sur la colonne blanche. Elles évoquent respectivement Boaz et Jakin, qui sont les noms des deux colonnes qui se dressaient devant le temple de Salomon – c'est écrit dans la Bible. Pour le reste, rien n'est sûr. Aucun écrit biblique ou talmudique n'explique ces noms. Les justifications ésotériques ne sont que suppositions ou inventions.

« Boaz » se traduit généralement par « en lui la force ». Il faut comprendre ici que cette force est potentielle, comme un enfant dans le ventre de sa mère qui attend de naître. Elle n'existe pas encore. « Jakin », habituellement traduit par « Dieu établit », signifie plus précisément « Dieu prépare » – les commentaires bibliques y voit une référence à l'arrivée du Messie. Nulle part ailleurs, dans les commentaires bibliques, ne sont associés ces deux noms. Bien qu'ils soient certainement liés, rien n'a été écrit sur le sujet – voilà un secret biblique resté strictement oral.

Il est intéressant de noter que, dans la littérature franc-maçonnique, « Jakin » devient « Joachim ». Joachim était le père de Joseph, lequel a épousé Marie, la mère de Jésus.

Ces noms sur les colonnes rattachent l'Égypte à la tradition biblique. Ils véhiculent le symbolisme du temple de Salomon, qui est extrêmement important dans la tradition ésotérique occidentale en général et dans la tradition maçonnique en particulier. Au passage, les colonnes de Salomon ne sont pas noire et blanche mais faites d'airain. Un verset de la Bible fait référence à des grenades ornant le sommet des deux colonnes. Par manque de place, ce décor, sur la carte, a été représenté non sur les colonnes, mais sur le voile qui les relie.

Tous les secrets ultimes de l'ésotérisme occidental, en tant que voie spirituelle, se trouveraient dans le temple, derrière les colonnes. Celles-ci représentent la seule manière d'approcher ces secrets. La franc-maçonnerie se considère elle-même comme étant cette entrée, ces colonnes.

La Justice

Les colonnes de la Justice décrivent un rituel d'initiation dans lequel le candidat, debout entre les colonnes, sous la balance de la Justice, nomme et explique la signification de toutes les parties des colonnes. C'est un test auquel il ne peut échouer mais qu'il a soigneusement préparé, les explications à fournir étant particulièrement élaborées. Sur la carte de la Justice, les colonnes sont représentées lisses, de manière à ne pas dévoiler les réponses au test.

L'Hiérophante

Sur la carte de l'Hiérophante, les colonnes qui encadrent l'Hiérophante sont le symbole rituel d'Osiris sur son trône – cette divinité égyptienne supervisant l'intégralité du processus d'initiation.

Par manque de place, et parce que nous n'en avons pas besoin ici, nous n'approfondirons pas le symbolisme de la construction des colonnes ni les autres aspects rituels. Ce que vous devez retenir, c'est que ces colonnes représentent le lieu, mais aussi l'effort initiatique.

Tous les secrets qui composent l'Univers passent entre ces deux colonnes pour rejoindre le monde, et tous ceux qui veulent connaître ces secrets doivent s'approcher des colonnes et trouver comment les franchir.

Vous savez probablement déjà que l'énergie primaire du tarot est une énergie sexuelle. Cette énergie sexuelle prend ici la forme d'une soif de connaissance.

Les colonnes symbolisent tout passage vers des connaissances nouvelles et importantes dans notre vie, l'amélioration de notre existence grâce à la connaissance et l'importance de faire l'effort d'apprendre.

LES ROSES ET LES LYS

Voyons à présent la symbolique de la rose et du lys. La rose est un symbole en soi, le lys également… et à eux deux, la rose et le lys forment un symbole composé qui diffère de chaque fleur prise indépendamment.

La rose, rouge ou blanche, apparaît sur de nombreuses cartes. Le lys, lui, n'est jamais représenté seul : quand il figure sur une carte du RWS, c'est toujours accompagné d'une rose rouge.

Cinq cartes seulement comportent ce double symbole : deux arcanes majeurs (le Magicien et l'Hiérophante), deux arcanes mineurs (l'As de Pentacles et le 2 de Bâtons) et une figure, le Roi de Pentacles. Dans les pages qui suivent, nous aborderons les quatre premières cartes. Le Roi de Pentacles fera l'objet d'une leçon spéciale. Comme vous pouvez vous y attendre, notre symbole ne signifie pas la même chose sur toutes les cartes. Avant de parler de celles-ci, commençons par nous pencher sur chaque fleur isolément.

Le lys

Le lys est l'emblème floral de plusieurs déesses. Citons par exemple Éostre, une déesse d'Europe du Nord. Son nom vient de *eastre*, qui signifiait printemps et a donné *Easter*, c'est-à-dire Pâques en anglais. On lui doit l'association de Pâques avec le lys.

Junon, l'équivalente romaine de la déesse grecque Hera, était elle aussi associée au lys. Les païens romains disaient que le premier lys avait jailli du lait de son sein. Les chrétiens romains, eux, disaient qu'il avait jailli du lait de Marie.

En Europe, le lys est devenu le symbole de la « coupe » de la femme, qui contient l'essence de la vie. Le mot « calice » vient de *calyx*, qui désigne la forme en coupelle de la fleur. Le lys symbolise la fécondation miraculeuse des déesses vierges. Dans la mythologie romaine, Junon, « vierge sacrée », donne naissance au dieu Mars dans une immaculée conception. Le parallèle avec Marie et Jésus est flagrant.

Le lys est synonyme de blancheur – et donc de pureté, d'innocence et de virginité. En raison de sa senteur épicée, il fut toutefois considéré comme aphrodisiaque et associé à Vénus et aux satyres. Ses pistils saillants, phalliques, lui ont valu d'être également perçu comme masculin. C'est pour toutes ces raisons que les rois de France auraient choisi la fleur de lys comme emblème de la royauté.

Parce qu'il est blanc, le lys est décrit comme lunaire, pâle, lié au métal argent, symbole d'amour insatisfait et/ou sublimé. En tant qu'amour pur et sublimé, le lys symbolise le Christ.

Un verset célèbre du Cantique des Cantiques dit : « Comme un lys au milieu des épines, telle est mon amie parmi les jeunes femmes » – une référence à la position d'Israël parmi les nations et à celle de Marie parmi les femmes.

On lit, dans l'Évangile selon saint Matthieu : « Considérez comment croissent les lis des champs : ils ne travaillent ni ne filent. » Les lys prospèrent en s'en remettant à la divine providence – aussi deviennent-ils un symbole d'abandon à la grâce divine.

Dans un célèbre sermon chrétien primitif, le lys de la vallée (ou muguet) est comparé au Christ (le lys) dans un monde d'hommes (la vallée) – rédempteur au milieu des péchés, pureté au cœur de l'impureté.

Le lys a six pétales. L'ésotérisme en fait un symbole du macrocosme froid et distant, le monde d'en haut de l'axiome *As above, so below*, « En bas comme en haut ».

La rose

La rose, elle, a cinq pétales (nous parlons ici de la rose originelle, pas des variétés hybrides). Elle est le symbole du feu de la passion et de l'engagement, du microcosme, du monde d'en bas.

Elle aussi véhicule une dualité dans son symbolisme sexuel. Elle est, avant tout, l'emblème de Vénus, déesse de l'amour et de la passion – c'est en ce sens qu'elle est devenue symbole de secret et de confidentialité.

Durant l'Antiquité, Rome adopta, comme les Grecs avant eux, le dieu soleil égyptien Horus, associé au culte d'Isis. L'Horus des Grecs était un enfant. Ils transformèrent son nom égyptien, *her-pakhrad*, en Harpocrate. Le hiéroglyphe du mot « enfant » est un petit garçon assis suçant son doigt. Les Grecs y virent un doigt sur les lèvres et firent donc d'Horus le dieu du silence et du secret.

Le culte d'Harpocrate se répandit, notamment parmi les Romains de la haute société. Un récit célèbre de l'époque raconte que Cupidon donna une rose à Harpocrate pour le remercier de n'avoir rien dit des ébats de sa mère, Vénus, déesse de l'amour sensuel. La rose devint ainsi le symbole de la confidentialité dans l'Antiquité romaine. Les plafonds des salles à manger furent ornés de roses pour rappeler aux invités que les paroles proférées sous l'effet de l'alcool resteraient *sub rosa* (sous la rose), c'est-à-dire confidentielles – elles ne seraient pas divulguées. L'expression *sub rosa* et sa signification sont connues et utilisées dans toute l'Europe aujourd'hui encore. La rose apparaît même comme symbole dans les confessionnaux.

Par la suite, la sensualité de Vénus cède la place à la pureté de Marie et la rose devient le signe de son amour, de sa compassion et de sa perfection. Elle devient ensuite l'emblème de la perfection alchimique et le symbole du Soleil.

Toutefois, le symbolisme chrétien lui confère aussi un caractère masculin. La rose devient l'emblème du Christ, du sang sacrificiel – preuve de son amour et de sa compassion envers les hommes. Elle est adoptée par les rosicruciens, les membres de l'Ordre de la Rose-Croix, dont le symbole premier est une rose émergeant du point de jonction des bras de la croix.

La rose rouge à cinq pétales est, de manière générale, signe de complétude et de perfection. Elle symbolise notamment :

- Le centre mystique (dans le cas de la Rose-Croix).
- Le cœur (le Sacré Cœur de Marie et Jésus).
- Le jardin d'Éros (ou de Vénus et Cupidon).
- Le bien-aimé (dans le Cantique des Cantiques).

La rose blanche symbolise la renaissance et l'immortalité, la rose jaune, l'accomplissement, la rose bleue, l'impossible. La rose à cinq pétales forme un mandala circulaire, que l'ésotérisme associe au microcosme. La rose à sept pétales se réfère à la symbolique du chiffre sept – sept directions, sept planètes, sept métaux alchimiques. La rose à huit pétales est un symbole de régénération similaire à la rose blanche.

Voyons maintenant les quatre cartes sur lesquelles la rose et le lys apparaissent conjointement.

Le Magicien

Une guirlande de roses rouges pend au-dessus de la tête du Magicien. L'extrémité de son bâton doublement affûté pointe directement vers ces fleurs suspendues. D'autres roses apparaissent en bas de l'image. Les lys, immenses et parfaitement identifiables, n'apparaissent que dans la partie inférieure.

Ici, la rose et le lys se réfèrent principalement à la fonction ésotérique du Magicien, une fonction double, de vie et de mort : le Magicien donne vie aux choses quand il y prête attention et les laisse mourir quand il les ignore.

Le symbolisme de la rose évoque le feu et la passion de la vie. Les roses sont les fleurs traditionnelles des fiançailles, des mariages et des déclarations d'amour. Comestibles, elles servent d'ingrédients dans les préparations culinaires magiques. Les lys, à l'inverse, sont des fleurs d'enterrement. Ils sont toxiques et associés à la mort, mais aussi à la pureté et à la rédemption – deux grands thèmes religieux funéraires.

Sur la carte, la rose rouge sang symbolise le chemin (féminin) de l'émergence, de l'incarnation de la vie. Le lys blanc, qui s'ouvre comme une trompette, avec ses pistils saillants et phalliques, symbolise le chemin du retour vers le monde de l'esprit. Tout perturbant qu'il soit de s'en rendre compte, ce chemin retour mène à la désincarnation, à une mort au moins spirituelle. Il implique parfois le martyre et la mort physique au nom d'un Divin.

La rose et le lys du tarot symbolisent la goutte rouge et la goutte blanche qui, dans la Kabbale, créent le monde et sa déroutante multiplicité. Ils évoquent, dans le même temps, le rouge et le blanc alchimiques, dont le mariage signale une union absolue qui résout toutes les discordances.

Ces deux thèmes – créer et dissoudre les complexités de l'existence – rappellent la fonction double du Magicien, porteur de vie et de mort. Le symbole de la rose et du lys illustre simultanément ces deux thèmes.

Si le Magicien apparaît dans votre tirage, vous pouvez vous dire que des choses positives prendront vie pour peu que vous y prêtiez attention et que vous y travailliez. En revanche, elles faneront et périront si vous les ignorez trop longtemps. Vous pouvez également vous dire que vous aggravez et encouragez une difficulté en la ressassant, mais qu'il est possible de purifier et de guérir cette négativité en la privant d'importance et d'attention.

L'Hiérophante

Ici, la rose et le lys représentent deux styles d'apprentissage. Deux disciples sont agenouillés aux pieds de l'Hiérophante. Chacun s'imprègne des enseignements du maître à sa manière, chacun suivra le chemin qui lui est propre pour parvenir au même objectif.

La rose symbolise le chemin du cœur, de la dévotion et de l'amour. Celui qui suit ce chemin abandonne son cœur à la compassion bienveillante du professeur et à la beauté du chemin révélé. On dit que les larmes sont le seul langage du cœur et que quand on est rempli d'amour, on ne peut que laisser monter et couler ses larmes. La rose est le symbole de l'amour inconditionnel, celui qui lie la mère et son enfant, le maître et ses disciples. Pour suivre l'enseignement de l'Hiérophante, il suffit de faire preuve d'amour et de dévotion.

Le lys est la voie de l'esprit, de la pureté, de la renonciation et de la connaissance. Celui qui opte pour cette voie se fait ascète. En faisant l'effort de résister aux tentations de sa nature passionnée, en étudiant encore et encore, il s'élève et purifie tous ses désirs, ses intentions et son cheminement – et finit par atteindre les nobles objectifs de cet enseignement supérieur.

Entre ces deux approches de la morale, de l'éthique, de la sagesse et de la guidance spirituelle, le choix se fait selon les prédispositions de chacun. Certains prendront le premier chemin, d'autres le second.

Les questions soulevées ici portent généralement sur des choix éthiques ou moraux et sur la manière de les aborder. L'Hiérophante réunit et résout ce qui sépare la rose et le lys. Quand sa carte apparaît dans un tirage et que votre attention se tourne vers ce double symbole, c'est qu'il est question de tolérance, de la nécessité de faire preuve non plus de conviction mais de discernement, de choix difficiles, mais nécessaires.

Le 2 de Bâtons

Le premier arcane mineur où figurent la rose et le lys est le 2 de Bâtons. Ici, les deux fleurs se confondent visuellement pour ne plus former qu'un seul symbole. Le bloc de pierre grise qui prolonge le parapet du château est deux fois plus gros environ qu'un double autel cubique (encore un symbole) et orné d'un carré blanc. Au centre de ce carré blanc apparaît une croix inclinée aux bras de même taille. Chaque bras consiste en une tige qui se termine par une fleur, rose ou lys, alternativement.

De quoi peut-il bien s'agir ? De prime abord, on pense à une référence alchimique ou rosicrucienne. L'alchimie et la Rose-Croix n'ont cependant aucun rapport avec le 2 de Bâtons et n'ont aucune raison d'être ainsi mises en avant.

J'ai précédemment évoqué le lien entre le lys et Junon, la mère de Mars. Mars est rouge, comme la rose. Cela permet de faire le lien entre cette carte et son attribution astrologique, à savoir Mars en Bélier. Cette attribution astrologique est importante et longue à expliquer. Voici de quoi il retourne :

Chaque arcane mineur (à l'exception des As) bénéficie d'une attribution astrologique, composée d'une planète dans un signe. De 2 à 10, on obtient neuf cartes pour chaque suite, soit trente-six cartes. Chaque carte équivaut donc à 10 degrés d'un cercle, c'est-à-dire un décan. Les trente-six décans représentent les 360 degrés d'un cercle complet. Chaque décan contient dix ou onze jours, pour arriver aux 365 jours de l'année. Le calcul est simple. Trois cartes, soit 30 degrés, représentent un signe astrologique – et les douze signes du zodiaque forment le disque complet d'une année.

Le 2 de Bâtons correspond à Mars en Bélier, c'est-à-dire au début du printemps. L'hiver touche à sa fin, la partie chaude de l'année commence : c'est ce que symbolise ici Mars sous forme de rose.

Voyons maintenant ce que l'astrologie nous dit du lys.

Dans l'astronomie de l'Antiquité, à laquelle se réfère le tarot, il n'existait que sept planètes – les seules visibles à l'œil nu. Jusqu'au début du XXe siècle et la découverte des planètes les plus éloignées, l'astrologie n'était fondée que sur sept planètes.

Il y avait donc sept planètes à assigner aux trente-six décans qui forment une année. Trente-six, comme vous le savez, n'est pas un multiple de sept. Quand on divise trente-six par sept, on obtient cinq et un reste égal à un. Il fallait donc qu'une planète apparaisse six fois au lieu de cinq. C'est Mars qui fut choisie, et elle apparaît pour la deuxième fois dans le 10 de Coupes sous forme de Mars en Poissons, c'est-à-dire à la fin de l'hiver. Le signe du Poissons est le dernier de l'hiver, le Bélier marque le début du printemps. La communauté ésotérique décida que la transition entre le froid de l'hiver et la douceur du printemps nécessitait un petit coup de pouce énergétique – et Mars fut choisie comme symbole planétaire de cette énergie. Mars en Poissons est donc suivie par Mars en Bélier. Le lys, associé par l'alchimie au froid d'un signe d'eau, est suivi par la rose, associée par l'alchimie à la chaleur d'un signe de feu. Cet ordre, un signe d'eau suivi par un signe de feu, le froid suivi par la chaleur, se répète d'un bout à l'autre du zodiaque.

Notre symbole mêle donc mythologie, astrologie et alchimie. Il est question d'une fin menant à un nouveau commencement, de la conclusion d'un cycle avec toutes les émotions qu'elle suppose et le début d'une histoire neuve, d'une chose achevée et d'une autre qui attend de l'être – tout cela accompli dans l'intensité belliqueuse de Mars. C'est là l'un des sens du titre ésotérique du 2 de Bâtons, *Lord of Dominion*.

L'As de Pentacles

AS DE PENTACLES

La dernière carte où apparaissent la rose et le lys est l'As de Pentacles.

Ici, leur signification est simple. Le lys occupe une place de choix, au premier plan de la carte, alors que les roses sont plus petites, moins distinctes, en arrière-plan. L'illustration représente un jardin soigneusement entretenu avec une herbe verte et rase au milieu de laquelle sont cultivées de longues tiges de lys. On distingue, au travers de l'arche taillée dans la haie qui sépare le jardin du lointain, des sommets montagneux. Petites, sauvages, les roses parsèment la verdure de la haie.

La rose et le lys sont une référence biblique à un verset célèbre du Cantique des Cantiques, qui dit ceci : « Je suis une rose de Saron, un lys des vallées. » Pour la Kabbale, la rose est ici associée à la grâce et le lys au jugement. Les deux fleurs se retrouvent dans la sphère de Malkuth, au pied de l'Arbre de Vie – l'aboutissement du cheminement vers l'émergence. Malkuth représente la vallée et la plaine de Saron, respectivement symbolisées dans l'As de Pentacles par le jardin et la haie.

La symbolique chrétienne compare le Christ au lys qui pousse dans la vallée, symbole d'une promesse de rédemption au cœur d'une existence bassement matérielle.

Il est question ici de l'acceptation d'une joie sans entraves, telle qu'elle apparaît. A-t-on le droit de savourer la vie sans hésitation ni repentance ? Le monde s'en sort-il sans qu'on le répare ? La création est-elle bonne telle qu'elle est ? Ou est-ce que la douleur et la souffrance nous forcent à nous tourner vers la spiritualité pour y puiser du réconfort et des explications ? Le monde de la chair est-il intrinsèquement mauvais ? Une fois encore, chacun, selon son style, sera attiré par une approche ou une autre.

*

Au-delà des différences d'interprétation de ces quatre cartes, l'association de la rose et du lys décrit le mystère primaire de l'homme et de la femme, de l'énergie sexuelle dont descend l'Univers et du moyen par lequel il retournera à sa pureté et à sa complétude originelles.

En alchimie, le Grand Œuvre, qui consiste à séparer le pur de l'impur, à élever la matière et à atteindre l'ultime perfection, est symbolisé par l'alliance du soleil et de la lune, de la rose et du lys, du rouge et du blanc. Par leur union, tout est achevé et l'humanité rend au Divin le cadeau originel de la perfection.

La Kabbale, dans le midrash, compare Dieu à un artiste. Un artiste, disent les textes, crée une œuvre que l'on vient applaudir. Dieu crée l'Univers tout entier et l'Univers loue son créateur. Quand un artiste produit une grande œuvre, l'œuvre reste mais l'artiste meurt. Quand Dieu crée l'Univers, Dieu reste et l'Univers périt. Un artiste crée son tableau à partir des nombreuses couleurs de sa palette. Dieu crée l'Univers tout entier à partir d'une goutte de rouge et d'une goutte de blanc.

La rose et le lys sont cette goutte de rouge et cette goutte de blanc. Leurs beautés combinées représentent la beauté sous-jacente de la création tout entière, leurs fragrances mêlées sont celle du Divin qui imprègne toutes les forces, les formes, les noms et les bouleversements qui composent l'Univers.

Le pouvoir de la rose et du lys est de faire naître l'amour. Quand nous tombons amoureux, nous voyons dans l'être aimé la beauté de la rose et du lys. Quand nous découvrons la sagesse et que nous vivons dans la dévotion, c'est le parfum de la rose et du lys qui emplit le calice sacré que nous sommes devenus.

ANCRAGE DES NOTIONS

Dans le tarot, la plupart des images, même les plus petits détails, sont des symboles – et tous les symboles évoquent une forme ou une autre de vérité. Chaque symbole du RWS revêt une dimension spirituelle, intellectuelle, émotionnelle et pratique qui vous sera utile à un moment ou à un autre.

Voici quelques-unes des questions soulevées par les représentations visuelles des couronnes, des colonnes, de la rose et du lys. Loin d'être définitives, elles visent à provoquer réflexion, émotion et discussion.

Couronnes

Quand une couronne attire votre attention dans un tirage, vous pouvez être sûr qu'elle concerne un sujet d'une extrême importance.

Une couronne est toujours un cadeau du Ciel – qui parfois salue une grande réussite, parfois la demande.

Une couronne impose à son porteur d'être parfait. Elle reconnaît son potentiel à atteindre la perfection. Accepter une couronne, c'est reconnaître cette exigence de perfection.

L'énergie de la couronne est source de lumière, de luminosité, de rayonnement. On attend de celui qui la porte qu'il soit lui aussi source de lumière pour les autres.

L'autorité sur les autres que confère une couronne commence par l'autorité sur soi. Et qui dit autorité dit responsabilités.

Il y a des couronnes visibles et des couronnes invisibles, des autorités reconnues et d'autres ignorées. Quiconque porte une couronne devient source de pouvoir et de légitimité. Il existe des professeurs cachés, des royautés exilées, des lignées de maîtres et de disciples dans lesquelles la couronne se transmet en secret.

Chaque couronne est unique et octroie une autorité et des responsabilités particulières. À chaque couronne correspond un rôle – protéger, enseigner, guider, réconcilier, sauver.

Surtout, une couronne est un anneau qui unit celui qui la donne et celui qui la porte. Le donneur s'engage à reconnaître l'autorité du porteur, à le protéger et à l'aimer. Le porteur s'engage, réciproquement, à faire tout son possible pour mener à bien les devoirs qu'implique la couronne, à s'abandonner à l'amour du donneur et surtout à lui rendre pleinement cet amour. Époux ou roi, l'engagement est le même.

Colonnes

Une colonne seule est masculine. Elle peut être l'humble support qui soutient le poids de toute la structure. Votre colonne vertébrale est masculine et soutient tout votre être. Pourtant, à moins qu'elle ne vous fasse mal, vous n'y prêtez aucune attention.

Une colonne seule attire le regard. Sa verticalité et sa visibilité marquent la fierté, l'honneur et la reconnaissance d'une personne ou d'un événement digne de mémoire.

Quand elles sont plusieurs, les colonnes deviennent féminines. En ligne ou en cercle, elles définissent des zones spéciales, sacrées. Elles délimitent un extérieur et un intérieur.

L'extérieur est réservé à l'ordinaire, à ce qui est gouverné par le plus petit dénominateur commun. C'est le lieu de la foule, des soucis du quotidien régis par l'habitude, la nécessité, les standards sociaux universellement acceptés.

L'intérieur est le lieu de l'inhabituel, du caché, du secret. D'autres règles s'appliquent ici, qui ne sont révélées qu'à ceux qui doivent et méritent de les connaître. Cet espace exige les qualités les plus hautes, les plus pures, les plus puissantes. C'est le lieu des élus : beaucoup en sont exclus.

L'extérieur et l'intérieur se réfutent, mais ont besoin l'un de l'autre. Chacun justifie l'autre.

Quand elles sont deux, les colonnes marquent un passage, une porte d'entrée de l'extérieur vers l'intérieur. Chacune représente la moitié de ce qui est nécessaire pour accéder à un espace caché, unique et sacré. Chacune exprime la moitié d'un argument, la moitié d'une irréconciliable différence. Il faut qu'elles soient deux pour permettre le passage, l'entrée. Une demi-discussion, une demi-opinion, ne mène nulle part.

Une paire de colonnes indique un challenge et un impératif. Vous ne pourrez accéder aux secrets et aux merveilles qu'elles gardent sans affronter ce challenge et le résoudre. Il ne peut être ignoré. Vous n'en devenez conscient que parce qu'il est important pour vous, crucial même peut-être. Si vous vous en détournez, vous aurez été vaincu sans même essayer – et une telle défaite cause une tristesse envahissante, un regret permanent.

Accepter le challenge est une réaction masculine à l'attrait d'un trésor féminin. Et cela ne va pas sans risques : le risque d'abord d'échouer, le risque ensuite de réussir, le risque enfin de s'impliquer et de s'engager. Affronter et surmonter le challenge des colonnes, c'est trouver qui vous êtes sans l'avoir jamais su, c'est retrouver la totalité de votre être. Telle est la nature fondamentale de l'initiation.

En deçà de cette porte, vous êtes un civil. Au-delà, vous êtes celui que vous devez être. Plus les colonnes sont imposantes, plus le passage sera difficile – et plus celui qui vous attend de l'autre côté sera grand.

La rose et le lys

Chaque fleur est merveilleuse et contraire à l'autre. La rose est passionnée, impliquée, compréhensive, intime. Ces qualités sont source de plaisir, elles rendent la vie intense, elles vous soutiennent dans les bons et les mauvais moments. Le lys est pur, rationnel, sage et distant. Ces qualités font d'excellents conseillers en cas de confusion, des amis fiables en temps de crise, elles offrent des solutions quand la situation semble impossible.

Leur association crée la beauté, l'amour, le désir, le bien en toute chose. Ensemble, la rose et le lys annulent la laideur et le mensonge. Leurs essences mêlées nous font supporter la peine et la douleur.

La rose et le lys offrent une belle vie et une belle mort. Ils ont le pouvoir, secret, de montrer et de détourner.

Ensemble, ils sont l'amour, et non la guerre. La rose et le lys, le cœur et l'esprit, permettent la complétude. Chaque fleur se suffit à elle-même – et chacune complète le chemin que trace l'autre, quel que soit son but.

Prises l'une après l'autre, leurs énergies closent un chapitre et ouvrent le suivant. L'hiver trouve l'énergie de devenir printemps.

La rose et le lys nous apprennent à apprécier ce monde, à y devenir parfait, à nous élever et à trouver, en nous, notre noyau secret.

TIRAGE : LES DEUX COLONNES, LA ROSE, LE LYS ET LA COURONNE

Voici le premier d'une série de tirages fondés sur les symboles étudiés dans ces pages. Ce tirage, qui met en pratique les concepts énoncés autour des colonnes, de la couronne, de la rose et du lys, convient parfaitement à la résolution de conflit.

La disposition des cartes consiste en deux lignes verticales de quatre cartes chacune (les colonnes) espacées d'environ quinze centimètres. La colonne de gauche représente un côté du conflit – une personne, un groupe, un choix ou une idée. La colonne de droite représente le côté opposé.

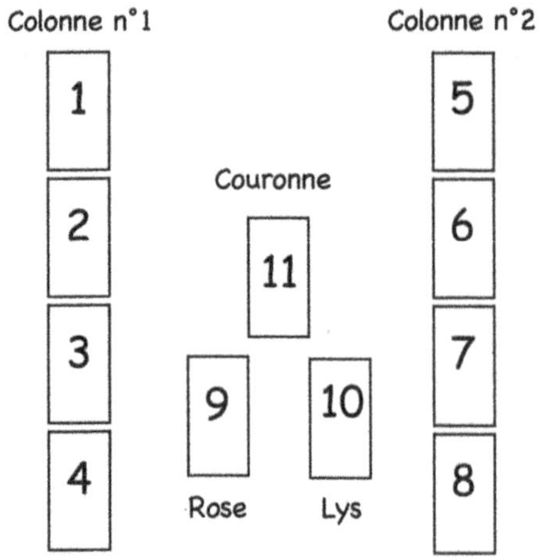

À cinq centimètres environ du bas des cartes, ajoutez deux cartes dans l'espace central, entre les colonnes. La carte de gauche représente la rose, celle de droite le lys. Espacez-les de la largeur d'une carte.

Placez juste au-dessus la dernière carte, la couronne.

Chaque colonne décrit les énergies et les caractéristiques d'un aspect du conflit. Elle indique les problématiques importantes aux yeux de ce camp – ce qui définit sa position dans le conflit et l'empêche d'aboutir à une résolution. Bien qu'elles se lisent l'une après l'autre, les quatre cartes doivent être considérées comme un tout.

Chaque carte d'une colonne est à mettre en rapport avec la carte occupant la même place dans la colonne opposée. Vous avez donc quatre paires de cartes : 1 et 5, 2 et 6, 3 et 7, 4 et 8. Imaginons que la carte 1 soit le Magicien et la carte 5, l'Étoile renversée. La première colonne exprime une énergie concentrée, volontaire, alors que la colonne opposée indique un manque d'équilibre et l'impression que le monde va de travers. Peut-être est-ce le signe d'une envie de se retirer dans un endroit calme, au lieu de foncer à bride abattue. Vous voyez ici d'emblée en quoi ces énergies opposées nourrissent le conflit.

Les trois cartes centrales indiquent la manière dont les deux camps peuvent œuvrer à franchir les colonnes et avancer ensemble.

La rose désigne la voie du cœur. La carte située à cet emplacement indique une manière d'agir avec amour : comment exprimer ses émotions de manière positive.

Le lys désigne la voie de l'esprit. La carte située à cet emplacement indique une manière rationnelle d'agir : ce sur quoi concentrer son énergie mentale.

La couronne définit l'objectif suprême du conflit et sa résolution. Il est le résultat, l'objectif commun à mettre en œuvre.

Bien qu'un premier coup d'œil permette déjà d'en dire beaucoup, nous vous conseillons d'oublier ce tirage pendant quelque temps (ou de le noter dans un carnet) et d'y revenir plus tard. Les conflits entre les blocs inamovibles que sont les colonnes se résolvent rarement du jour au lendemain. Ils nécessitent une attention réfléchie et des efforts continus.

Nous espérons que ce tirage vous aidera à trouver comment avancer – vous et ceux qui ont sollicité votre aide.

CHAPITRE 2

Chemins, montagnes et croix

LES CHEMINS

Bienvenue dans cette section consacrée à l'image du chemin dans le tarot, présente sur quatre cartes : le 8 de Pentacles, l'As de Pentacles, la Lune et la Tempérance.

Comme vous le savez peut-être, nous avons déjà donné de nombreux cours sur le symbolisme du Rider-Waite-Smith. Pour créer ce genre de cours, nous effectuons énormément de recherches, sans trop de difficultés jusqu'à présent. Cette fois, ce fut différent.

Nos sources habituelles n'avaient pratiquement rien à dire au sujet des chemins. Même les dictionnaires se sont révélés inutiles : ils ne nous ont fourni aucune piste. Malgré l'échec de ces premières investigations, notre intuition nous soufflait que ce symbole était immensément puissant.

Nous avons donc persévéré et nous avons fini par trouver ce dont nous avions besoin. Quand les portes du savoir se sont enfin ouvertes, nous nous sommes rendu compte que notre intuition était bonne. Le symbolisme du chemin est riche et particulièrement important.

L'idée fondamentale du chemin est qu'il facilite l'avènement de ce qui doit advenir. C'est vrai au niveau physique, dans le monde matériel, pour toutes sortes de créatures – y compris l'être humain – et c'est plus vrai encore dans nos mondes intérieurs. Les chemins du monde physique sont simples et se passent d'explications. En revanche, dans la vie intérieure d'un être humain, cette simplicité donne lieu à une subtilité et à une complexité des plus extraordinaires.

Cela étant dit, commençons par méditer.

MÉDITATION DU CHEMIN

Respirez, détendez-vous.

Plongez dans l'obscurité et installez-vous-y.

L'obscurité laisse passer la douce lumière de la lune ou du soleil.

Vous êtes au milieu d'une forêt, d'une prairie ou sur le flanc d'une montagne. Il n'y a personne autour de vous, ni aucun signe d'habitat

> humain. Un peu plus loin devant vous commence un chemin. Commencez à vous en approcher.
>
> Prenez un moment pour l'observer, sans poser le pied dessus encore.
>
> Dans une poignée de secondes, vous emprunterez ce chemin pendant quelque temps, en prêtant soigneusement attention à tout ce que vous y verrez et éprouverez.
>
> Allez-y sur la prochaine inspiration.
>
> (2-3 minutes.) Suivez le chemin, où qu'il vous mène.
>
> Il est temps à présent de quitter le chemin. À la prochaine inspiration, vous allez le quitter pour retourner à la douce obscurité du début.
>
> Tout en vous enveloppant dans cette obscurité familière, respirez, détendez-vous. Reprenez lentement conscience de votre corps et de votre environnement. Quand vous êtes prêt, ouvrez les yeux.

La première chose à faire pour comprendre la nature du chemin est de le définir, ce que nous ferons sans même utiliser de dictionnaire. La définition d'un mot se trouve souvent à la frontière entre ce qu'il est et ce qu'il n'est pas. C'est par là que nous commencerons. Nous donnerons ensuite quelques exemples parlants de chemins dans divers lieux et cultures, avant d'aborder les chemins du tarot et ceux de cartes bien spécifiques.

Commençons par une question nécessaire : à quoi reconnaît-on un chemin ? Voici quelques réponses :

1. Dans la nature, un chemin est naturel : il n'est pas pavé, il ne résulte pas d'un effort organisé.
2. Un chemin se distingue dans le paysage, il est visible au sol. Il se reconnaît au premier coup d'œil, sans doute ni ambiguïté.
3. Un chemin naît de nombreux pas guidés par la même intention.
4. Un chemin est étroit, il ne laisse passer qu'une personne à la fois.
5. Un chemin n'est pas signalé, si ce n'est par son contraste avec le reste du paysage. Il n'est ni réglementé ni surveillé. L'emprunter est une question de choix ou de destinée.

6. Un chemin n'a pas besoin d'être suivi de bout en bout. Il n'impose pas qu'on le foule dans son intégralité. On l'emprunte pour atteindre une destination ou pour vivre une expérience.
7. Ce qui est vrai des chemins physiques l'est également des chemins symboliques.

Un chemin n'est pas une route.

1. Une route est une création intentionnelle, un effort organisé mené par quelques personnes, au nom d'un plus grand nombre.
2. Une route est réglementée, organisée, entretenue – là encore par quelques personnes, mais pour le bien de tous.
3. L'objectif d'une route est de permettre un passage facile et rapide entre un début et une fin. Elle ne cherche pas à faire vivre une expérience, à moins qu'elle ne serve à rejoindre une destination choisie.
4. Une route invite à la rapidité plutôt qu'à la lenteur. Elle n'aime pas que l'on s'écarte de son tracé ou de ses règles. Une route est un espace public, il faut donc y adopter un comportement adéquat.
5. Une route encourage le passage simultané et constant de nombreuses personnes pour justifier le temps, les efforts et les ressources alloués à sa création et à son entretien.

Un chemin n'est pas une voie, bien que les deux se confondent parfois.

1. Une voie n'existe que dans le récit de celui qui en fait l'expérience. Elle ne peut être vue ni vécue sans ce récit et ne peut s'emprunter sans guide.
2. Une voie est un moyen de franchir des paysages changeants, des distances abstraites – tels que l'eau, le sable, le ciel ou les recoins de l'esprit et de l'âme.
3. Quiconque emprunte une voie cherche délibérément à atteindre une destination et les bénéfices qu'elle apporte. Ces bénéfices ne

sont connus que de celui qui accomplit la voie et dont lui seul peut faire le récit.

4. S'engager dans une voie demande de la foi, la voie et sa raison d'être étant invisibles aux yeux des non-initiés.
5. La voie n'existant, pour celui qui veut la suivre, que par la foi, elle peut faire l'objet d'abus. Certains en feront un récit sans fondements, d'autres s'érigeront en guide, mais seront en réalité des imposteurs ou des imbéciles. Faire confiance à une voie, c'est aussi prendre le risque de se faire berner – mais être sceptique, c'est prendre le risque de ne jamais profiter de ses immenses bienfaits.

Un chemin se distingue clairement dans le paysage et peut devenir une voie qui permet d'atteindre un but – mais il est dans ce cas la continuation nécessaire et inévitable d'un parcours en lequel vous croyez, c'est en cela qu'il est digne de confiance.

À ce stade, quand le chemin devient voie, il peut se muer en voyage.

Un voyage n'est pas un chemin, bien qu'un chemin puisse faire partie d'un voyage.

1. Un voyage est long, il peut impliquer des chemins et des voies.
2. Un voyage est un engagement vers un objectif à long terme, il échoue si l'objectif n'est pas atteint – alors qu'un chemin s'emprunte par choix, sans qu'il soit nécessaire de le suivre d'un bout à l'autre.
3. Si le voyage permet et même favorise les expériences, celles-ci sont toutes au service d'un objectif. Un chemin permet et favorise l'expérience en tant que telle. Ce qui est vécu sur un chemin peut devenir plus important que la raison première pour laquelle on a décidé de le suivre.
4. Un voyage est une ligne, avec une destination distante du point de départ. Un chemin peut être circulaire ou sinueux, son arrivée peut être proche ou même identique au départ.

Les chemins, les routes, les voies et les voyages naissent dans le monde physique mais sont, depuis l'aube des temps, intériorisés dans l'expérience du Soi la plus intime que puisse faire l'être humain. De tous les chemins intérieurs du monde, de tous ceux qui ont été documentés et réellement vécus, il en est quelques-uns que nous souhaitons partager avec vous, car ils donnent de précieux éclairages sur les chemins du tarot.

Tous ces chemins sont, d'une façon ou d'une autre, spirituels. Leur point commun est qu'ils consistent à s'échapper du dilemme d'un Soi étriqué qui souffre au sein du vaste monde, et qu'ils mènent tous à une sublime éclosion personnelle. Partons les découvrir d'est en ouest.

Le noble chemin octuple du bouddhisme

Ce chemin spirituel, l'un des plus célèbres, est multiple à plusieurs égards. Le noble chemin octuple du bouddhisme traverse le paysage des quatre nobles vérités, qui peuvent au premier abord sembler déprimantes. En voici la liste, jugez-en par vous-même :

1. La vie est une souffrance.
2. L'origine de cette souffrance réside dans l'attachement.
3. Cette souffrance peut cesser.
4. Il faut pour cela suivre le chemin octuple.

Inutile de le préciser, le paysage des quatre nobles vérités mérite de longues explications, dont nous ne pourrons ici vous donner qu'un aperçu. L'origine de la souffrance viendrait de notre attachement aux choses éphémères ; or, toutes les choses de ce monde seraient éphémères – non seulement les choses physiques, mais aussi les idées et tout ce que notre esprit perçoit. L'essence de la souffrance tient en deux mots : désir et accrochement. Pour peu qu'on y réfléchisse, cette idée s'applique à tout le monde. Le fait de désirer des choses et de s'y accrocher revient, d'une façon ou d'une autre, dans la plupart des tirages de tarot.

Le chemin octuple est la réponse du bouddhisme au dilemme des quatre nobles vérités. Les huit composantes du chemin sont les suivantes :

1. La compréhension juste.

2. L'intention juste.
3. La parole juste.
4. L'action juste.
5. La profession juste.
6. L'effort juste.
7. L'attention juste.
8. La concentration juste.

Le noble chemin octuple est un guide pratique permettant de se libérer des attachements et des illusions. Il forme, avec les quatre nobles vérités, l'essence même du bouddhisme. Voici une brève explication des huit aspects de ce chemin, que vous pourrez sans doute appliquer à votre vie ou à celle de vos requérants :

Le premier aspect est celui de la *compréhension juste* : il s'agit de voir et de comprendre les choses telles qu'elles sont réellement et de prendre conscience des quatre nobles vérités. Il faut pour cela comprendre l'impermanence et l'imperfection du monde des objets et des concepts. Ce que vous avez ne durera pas et ce que vous désirez n'a peut-être rien d'extraordinaire.

Le deuxième aspect est celui de l'*intention juste*, qui est un engagement à progresser d'un point de vue éthique et mental. Bouddha nomme trois types d'intentions justes :

a. Intention de renoncer au désir.
b. Intention de faire preuve de bonne volonté.
c. Intention de ne pas blesser.

Le troisième aspect, la *parole juste*, s'entend comme suit :

a. S'abstenir de mentir.
b. S'abstenir de calomnier.
c. S'abstenir de mots offensants et blessants.
d. S'abstenir de bavarder en vain.

Le quatrième aspect, l'*action juste*, engage le corps. Les actions physiques malsaines entraînent l'instabilité de l'esprit, alors que les actions saines le stabilisent. L'action juste consiste à :

a. S'abstenir d'ôter la vie (y compris la sienne) – ne rien tuer.

b. S'abstenir de prendre ce qui n'est pas offert – ne pas voler, soustraire ni extorquer.

c. S'abstenir de plaisirs excessifs – qu'il s'agisse de nourriture, de boisson, de sexe, de drogue, etc.

Le cinquième aspect est celui de la *profession juste* : chacun doit gagner sa vie de manière juste, légale et pacifique. Bouddha mentionne quatre métiers qui, parce qu'ils blessent d'autres êtres vivants, sont à éviter :

a. Le commerce des armes.

b. Le trafic d'êtres vivants, comme l'esclavage et la prostitution.

c. La production de viande et la boucherie.

d. La vente de stupéfiants et de substances toxiques comme l'alcool ou la drogue.

Vient ensuite le sixième aspect, l'*effort juste*, une détermination sans laquelle rien de positif ne peut être accompli. L'effort juste correspond à quatre axes de discipline mentale :

a. S'empêcher d'acquérir de mauvaises habitudes.

b. Abandonner toute mauvaise habitude déjà acquise.

c. Acquérir de bonnes habitudes.

d. Entretenir et perfectionner ses bonnes habitudes et ses qualités.

C'est sur le septième aspect, l'*attention juste*, que s'est particulièrement concentré Wald. L'attention juste désigne la capacité à voir les choses sans les déformer. Tout ce que nous pensons connaître commence par une impression, perçue par les sens. Cette impression, nous la conceptualisons et nous l'interprétons instantanément. L'esprit transforme ces concepts en constructions et les intègre dans des schémas interprétatifs élaborés. Ce processus est bien plus rapide que la pensée consciente, et sa conséquence est que ce que nous voyons est obscurci par un impénétrable tissu d'interprétations. L'attention juste est une perception claire qui dissout ce tissu d'interprétations pour nous permettre de voir ce qui se cache derrière. Cette démarche est cruciale, mais extrêmement difficile à apprendre.

Le dernier aspect du chemin octuple est la *concentration juste*, soit tout simplement le fait de focaliser son esprit sur une seule chose. Avec de l'entraînement, l'esprit apprend à se concentrer, à intensifier et enfin à soutenir son attention sur une action ou un objet défini, afin d'en avoir une vision claire et productive. Facile à dire, beaucoup plus difficile à accomplir.

Bien sûr, il ne s'agit là que d'une description extrêmement sommaire d'un ensemble de pratiques que les bouddhistes vouent une vie entière à apprendre. Le chemin octuple mène à un formidable raffinement mental et spirituel, même s'il n'est pas suivi jusqu'au bout. Emprunté dans son intégralité, il conduit au nirvana.

Nous avons passé du temps sur ce chemin parce qu'il détaille les fondements de ce que l'Occident nomme « élévation ». Il décrit explicitement le monde comme un lieu de souffrances auquel nous devons échapper et nous donne le moyen d'y parvenir par le biais d'une succession d'étapes de discipline et d'élévation spirituelles.

Le chemin du retour à soi

En parallèle, il existe en Inde une tradition contemporaine qu'on appelle le « chemin du retour à soi » – c'est le chemin des yogis, des saints et des sages. Il emmène le voyageur loin, très loin en lui. C'est le chemin qui mène au cœur puis à l'éveil spirituel, au centre du Soi.

Les yogis s'efforcent de perfectionner leur condition physique originelle par le contrôle et la manipulation d'un courant d'énergie vitale qu'on appelle « *prana* » (respiration) et de l'énergie appelée « *kundalini* » qui part du chakra le plus bas, à la base de la colonne, pour monter jusqu'au chakra du sommet de la tête. Ce chemin d'élévation physique cherche à pénétrer la dimension subtile de la lumière divine.

Les saints, eux, évitent de manipuler l'énergie et même de contrôler la *kundalini*. Ils commencent par se concentrer sur le son et la lumière intérieurs de la dimension subtile, derrière le front. Ils ne cherchent pas à améliorer leur karma corporel, puisque leur but est de dépasser complètement le niveau de l'existence physique. L'expérience de ce chemin commence par le sublime et ne cesse ensuite de s'approfondir.

Les sages, enfin, cheminent sur le chemin causal. Ils entrent directement dans la dimension de la conscience manifeste, sans passer par les expériences subtiles ou physiques. Ce chemin est une quête intense qui se joue directement dans la nature de la conscience elle-même, sans manipuler les énergies d'aucune sorte dans le corps ou dans l'esprit. Le sage se concentre sur la conscience avant toute manifestation, en tant que sentiment du Soi indépendant, l'ego – « je ». C'est un chemin de contemplation et de méditation transcendantale pure – le plus élevé, le plus abstrait, le plus exigeant et le plus intérieur de tous. Le vivre est, paraît-il, au-delà des mots.

Ce que tous ces chemins ont en commun, c'est qu'ils cherchent l'essence des choses, derrière leur apparence. Leur objectif est de rejoindre le cœur, centre intuitif de la conscience. On parle de réalisation, de prise de conscience.

Toute forme, apparence, émotion, perception, pensée, vision, toute expérience vécue en haut, en bas ou au-dedans, apparaîtrait d'abord dans le cœur avant de se manifester dans le monde physique.

Cette intuition directe du cœur dissout toutes les limites de la perception de soi, met fin à toutes les souffrances induites par ces limites et permet un état de joie et de sérénité parfaites, que n'affecte aucun événement. Quand on atteint un tel état, tirer les cartes devient inutile… en attendant, le tarot est un chemin qui peut permettre d'avancer dans cette direction.

L'« élévation »

Au Moyen-Orient et sur le pourtour méditerranéen, le chemin qui permet de s'éloigner de la souffrance du monde pour atteindre un état de conscience supérieur et serein porte le nom d'« élévation ». On le retrouve, sous une forme ou une autre, dans l'hermétisme, qui est une version hellénisée des mystères de l'Ancienne Égypte, ainsi que dans les premiers temps du christianisme, du gnosticisme et du judaïsme. Chacun de ces systèmes, à sa manière, a utilisé l'ascension pour les mêmes raisons que celles de ses homologues indiens : pour s'échapper de la périphérie et rejoindre le centre de l'être. Leur objectif était d'avancer et de dépasser la misère flagrante de l'existence terrestre – ce que le christianisme appelle la « vallée des larmes », l'alchimie la « matière primitive », les gnostiques une « mauvaise farce du démiurge divin » et la philosophie grecque, enfin, l'« échelon le plus bas sur l'échelle de la conscience ».

La Rose-Croix, la magie rituelle, la Kabbale (la juive et l'hermétique), la franc-maçonnerie et par la suite des groupes comme l'Ordre de l'Aube dorée se sont tous construits sur ces fondations. Pour toutes ces variantes occidentales, la prière, le célibat et les visions engendrées par la méditation guidée composent un chemin maintes fois éprouvé, qui permet à tous ceux qui le souhaitent de s'élever et de s'améliorer. Tout ce que nous avons dit précédemment sur les différences entre un chemin et une route, une voie ou un voyage peut s'appliquer ici.

Tous ces systèmes apportent néanmoins une touche occidentale au chemin, qui ne se fait plus vers l'intérieur mais vers le haut et mène à une divinité non plus immanente mais transcendante. La différence entre l'immanence et la transcendance est importante d'un point de vue philosophique, mais toutes deux constituent, au fond, le même chemin.

Les chemins du tarot ne font pas exception à ces principes, bien qu'au-delà d'un certain point même le chemin le plus clair finisse par se brouiller. Les terrains familiers se transforment alors en étendues vierges de tout sentier – c'est dans ces moments-là qu'un chemin devient une voie. Les livres, les archives et les communautés ésotériques ne sont plus alors d'aucune aide. D'ici là, le tarot est un chemin aussi valable que les autres.

De toutes les élévations occidentales, la Kabbale hermétique, qui imprègne profondément le tarot, est la plus claire, celle qu'on peut pousser le plus loin, *via* les chemins de l'Arbre de Vie. Ceux qui ont choisi cette voie disent qu'il est très peu probable que les chemins de l'Arbre ne s'épuisent avant que le pèlerin n'arrive au bout de ses forces.

C'est de là que viennent l'intention et la valeur de ce qu'on nomme, dans le tarot, le «*pathworking*». Bien que le terme existe dans les pratiques néo-païennes et chamaniques, il est purement kabbalistique dans l'univers du tarot. Le *pathworking* n'est que l'un des chemins du tarot – et il n'est pas celui que révèlent les cartes.

Quel que soit son héritage culturel, l'élan spirituel qui lance l'individu sur un chemin existe en chacun de nous, bien qu'il soit plus fort chez certains que chez d'autres. Quand un chemin sur une carte attire votre attention dans un tirage, il suggère le besoin intérieur d'agir, d'une façon ou d'une autre, sur cet élan.

Ce besoin peut prendre la forme d'un désir profond de s'améliorer intérieurement. Ce peut être l'envie de revenir à une spiritualité première et familière, ou d'entamer un chemin nouveau et attirant, spirituel ou non. Il suggère le désir d'avancer, en dedans de soi ou vers le haut, et peut-être l'envie irrépressible d'effectuer un changement de vie majeur, qui dépasse tous les autres vécus jusque-là.

Cela est vrai en général, quelle que soit la carte, bien que chacune propose une variation autour de ce même thème.

Le 8 de Pentacles

Commençons par regarder le chemin qui figure sur le 8 de Pentacles, entre le personnage du premier plan et la ville au loin. C'est le chemin du franc-maçon, qui n'implique pas nécessairement d'être franc-maçon. Vous devrez suivre le chemin que vous avez choisi, quel qu'il soit, de façon ordonnée et tel qu'on vous l'a prescrit, jusqu'à ce que vous fassiez pleinement l'expérience de son mystère et que vous deveniez celui que vous êtes voué à devenir. Le chemin est long, maintes fois emprunté, et profondément satisfaisant pour ceux qui veulent s'y engager. Il suppose de la discipline, de l'effort, de l'apprentissage et, surtout, de la foi envers sa destination. Il garantit à celui qui l'emprunte, pour le moins, un niveau de connaissance, de compréhension et de caractère bien supérieur à la norme.

L'As de Pentacles

Voyons maintenant le cas du chemin sur l'As de Pentacles, qui ramène le pèlerin du monde ordinaire, dans lequel il est profondément engagé, vers les sommets d'où il vient. Ce qui est important ici est qu'on ne peut que supposer où il mène, mais qu'il promet des expériences fabuleuses et, une fois à destination, la contemplation du mystère ultime. Dans le tarot, c'est un chemin d'éveil qui attire tout le monde un jour ou l'autre.

La Lune

Voici maintenant un arcane majeur : la Lune, pour qui le chemin est une offre qu'on ne peut refuser – celui, lent, périlleux et nécessaire, de l'évolution personnelle. Au premier plan apparaissent des difficultés connues, prévisibles. Plus loin se déploie l'inconnu, vague et inquiétant, qui s'étend presque à l'infini jusqu'aux confins de la conscience. On ne choisit pas ce chemin : il nous choisit et l'on sent intuitivement qu'il va falloir le suivre jusqu'au bout. Il part des profondeurs pour rejoindre le sommet et nous promet une récompense égale aux difficultés du périple.

La Tempérance

LA TEMPÉRANCE

Voici enfin la Tempérance qui, après moult épreuves et renforcements, nous montre un chemin menant droit à la gloire. Nous avons gagné le droit de le suivre. Le chemin semble se terminer juste avant d'atteindre le rayonnement qui constitue le but de tout chemin intérieur. Au-delà de cette fin, il n'y a plus ni chemin, ni route, ni voie, ni voyage. Au-delà de ce point, l'ordinaire n'existe plus. Le pèlerin et son chemin passent au-delà des mots. Voilà la destination la plus lointaine à laquelle puisse vous mener le tarot.

*

Sur chacun de ces quatre chemins, le pèlerin peut croiser dans son quotidien un aspect ou un autre de la couronne, des colonnes, de la rose et du lys dont nous parlions dans le premier chapitre. Ces aspects de la couronne, des colonnes, de la rose et du lys peuvent suggérer des problématiques et des pratiques inhérentes aux chemins des diverses traditions présentées dans ces pages, comme la profession juste, l'effort juste, l'étude et l'apprentissage, la prière ou encore la joie du périple plutôt que l'attention portée à la destination. L'objectif des chemins du tarot est justement de nous amener vers ces expériences.

Si votre attention est attirée par un chemin dans un tirage, voyez-y un signe, une séduction, un risque à prendre qui pourrait vous mener (vous ou votre requérant) au-delà de tout ce que vous avez connu jusqu'ici. Cette expérience peut être spirituelle ou non, mais elle sera toujours extrêmement singulière et profondément satisfaisante. Il suffit d'en avoir la volonté – le courage et les ressources vous seront donnés.

Pour clore cette partie, j'aimerais partager ici ma citation favorite sur les chemins, qui me vient de Carlos Castaneda. Son professeur lui a dit ceci :

> « Tout chemin est un parmi des millions possibles. Un guerrier doit donc toujours garder à l'esprit qu'un chemin n'est jamais qu'un

chemin et que, s'il sent qu'il ne devrait pas le suivre, il ne doit en aucun cas y rester. Sa décision de suivre un chemin ou de le quitter ne doit pas être entravée par la peur ou l'ambition. Il doit envisager chaque chemin soigneusement, délibérément. Un guerrier doit toujours se poser cette question: "Ce chemin a-t-il du cœur?"

Tous les chemins sont les mêmes, ils ne mènent nulle part. Toutefois, un chemin sans cœur n'est jamais agréable. À l'inverse, un chemin qui a du cœur est facile – le guerrier n'a pas besoin de se forcer à l'aimer. Un chemin qui a du cœur rend le périple agréable; celui qui le suit ne fait qu'un avec lui.»

LES MONTAGNES

Bienvenue dans cette partie consacrée à l'image de la montagne dans le tarot. Les montagnes apparaissent sur vingt-cinq cartes au moins. Nous nous concentrerons sur sept d'entre elles: le 10 d'Épées, le Jugement, la Lune, la Tour, la Tempérance, l'Ermite et les Amoureux.

Je vais commencer par vous donner tout de suite la conclusion de cette partie, comme le dessert avant les légumes, parce que je veux que cette impression soit la première et celle qui vous reste.

Ce qu'il y a de plus important à retenir avec les montagnes est qu'elles vont au-delà de l'ordinaire et que leur présence, même lointaine, élève notre conscience au-delà de l'ordinaire. Proches, elles ne se contentent plus de dépasser l'ordinaire: elles l'annihilent, de même qu'elles annihilent l'ordinaire en nous.

Notre petitesse ne disparaît pas pour autant en fumée: elle est remplacée. Au sommet d'une haute montagne, l'être humain observe le paysage depuis le toit du monde. La hauteur de la montagne devient la sienne. L'immensité de la montagne pénètre ses sens et transforme sa conscience.

Beauté, étrangeté, aridité, extrême absolu, expression du sacré; vent, glace, roche; froid, rareté et clarté de l'air; distances immenses, couleurs spectaculaires, orages soudains et dévorants ; désintérêt total envers les besoins de la vie, voire envers la vie même : tels sont les impacts des sommets sur la conscience humaine.

Dans un environnement aussi extrême, sublime et mortel, l'être humain ne peut survivre que peu de temps et en faisant appel à des capacités, une endurance et une force extraordinaires. Atteindre le sommet d'une montagne met à l'épreuve les forces et les faiblesses de l'être. Vivre cet effort dans ses poumons, dans ses yeux et dans son cœur justifie qu'on prenne le risque d'y parvenir.

Voilà donc l'essence de la montagne dans le tarot, bien qu'il existe d'autres problématiques rattachées aux montagnes en général et à celles du tarot en particulier. Pour que notre instinct puisse exploiter au mieux son symbolisme, il importe de les connaître et les comprendre aussi.

Dans le tarot, comme dans le monde, les montagnes se dressent seules, par deux ou en chaînes. Dans tous les cas, il faut s'y confronter. Leur caractéristique la plus évidente est que, plus que tout autre élément, elles s'imposent dans notre champ de vision : on ne peut pas ne pas les voir.

Les montagnes ont sept grandes fonctions pour l'être humain. Ce sont :

1. Des points de repère.
2. Des frontières.
3. Des barrières.
4. Des challenges.
5. Des forteresses.
6. Des retraites.
7. Des lieux habitables.

Elles peuvent être observées, approchées, escaladées, franchies, on peut vivre dessus – et dedans.

Elles abritent des divinités de toutes sortes – des êtres mythiques (trolls, ogres, gnomes, dragons), des individus en quête de sagesse et de solitude (reclus, moines, sages, prophètes) et toute une gamme de hors-la-loi – révolutionnaires, barons de la pègre et aventuriers, laïques ou religieux. Et, bien sûr, habitent là également des personnes tout à fait ordinaires.

Les hautes montagnes induisent émerveillement, vénération, extase. Elles véhiculent aussi une impression d'élévation et de séparation. Elles anéantissent la suffisance et les petits tracas du quotidien. Aucun être humain, ni même aucun être vivant, ne semble y avoir sa place. Leurs sommets sont arides, stériles et souvent étincelants de neige et de glace.

Les montagnes testent les forces, révèlent les faiblesses, cachent et protègent, élèvent, séparent et purifient. Elles servent de décor aux histoires sacrées et aux contes de fées. Elles symbolisent les initiatives les plus pures, les objectifs les plus élevés, les efforts les plus grands.

Si nous pouvions consacrer six semaines, à raison de trois heures par jour, cinq jours par semaine, à la seule image de la montagne, je suis persuadé que nous en sortirions tous transformés à jamais. Il faudrait bien tout ce temps-là pour aborder pleinement les thèmes qu'elle suggère.

J'ai dit précédemment que, dans le tarot, les montagnes se présentent seules, par deux ou en chaînes. Comme toujours, leur signification change selon les cartes. Elles sont nombreuses dans le tarot, aussi nous n'aborderons que quelques-unes des plus intéressantes d'entre elles.

Les montagnes apparaissent sur vingt-cinq cartes au moins, sous une forme ou une autre. Au moins parce qu'elles se devinent parfois à peine et qu'il peut être difficile d'affirmer qu'il s'agit bien d'une montagne. Nous nous attarderons sur sept d'entre elles, les plus importantes et les plus représentatives : six arcanes majeurs et un arcane mineur.

Le 10 d'Épées

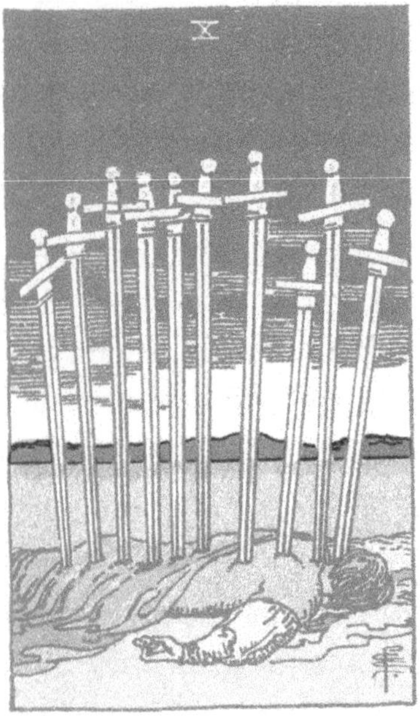

Commençons par les montagnes du 10 d'Épées. Leur message est simple. Elles sont loin, très loin, et marquent la frontière du monde connu. Ce qu'il y a derrière ne peut être que supposé et restera toujours une énigme. La chaîne de montagnes en tant que symbole d'une frontière, d'une limite, se retrouve sur plusieurs autres cartes.

Le Jugement

Voyons maintenant le Jugement. Les montagnes sont glacées, l'environnement hostile. Leur symbolisme relève de la Kabbale. Rappelez-vous que chaque atout du tarot représente un chemin de l'Arbre de Vie. Celui-ci fait partie de ceux qui mènent vers le haut, loin du monde ordinaire, vers des lieux d'une intelligence glaciale où sont érigées les lois de la nature. Ce sont des lieux non pas du cœur mais de l'esprit, des paysages élevés et rigoureux sans la moindre once de confort ou de sécurité.

Toutefois, le chemin du Jugement est un chemin de feu. Il réchauffe suffisamment le pèlerin pour lui permettre de survivre et de franchir les montagnes afin d'accéder à l'inconnu. Les montagnes du Jugement désignent l'éveil. On s'y rend parce qu'elles détiennent un savoir crucial que nous devons découvrir.

La Lune

LA LUNE

Viennent ensuite les montagnes de la Lune. Elles se dressent au loin, au bout d'un chemin long et effrayant qu'il faut entreprendre… mais c'est bien pour elles que l'on fera cet effort. Elles symbolisent le trésor et la grâce qu'il y a à grandir, à atteindre la maturité. Au sommet de ces montagnes se trouve le pic de l'Ermite, intimement lié au chemin de la Lune par essence, qui promet l'accomplissement des objectifs les plus ambitieux. Les montagnes de la Lune symbolisent la récompense ultime qui vient couronner la patience, l'effort, la détermination et le courage.

La Tour

LA TOUR

Le pic menaçant de la Tour n'est pas moins hostile que les montagnes du Jugement. Ici, la montagne est littéralement une expérience culminante, c'est le point le plus élevé que puisse atteindre l'être humain dans son esprit et dans son corps. Elle symbolise le toit du monde physique. Au sommet, figure un paratonnerre qui empêche l'ambition de repousser les limites de la nature. Au-delà de ce point, on est pratiquement certain d'être frappé par les orages mortels lancés par des forces inconnues. Il est impossible de s'y arrêter, mais il est impossible aussi de continuer en l'état. Cette montagne exige un changement majeur en vous.

LA TEMPÉRANCE

La Tempérance

Plus haut sur le chemin de l'ascension, à supposer que vous ayez franchi les éclairs qui frappent le toit du monde physique, on entre dans le monde des esprits par le chemin de la Tempérance. Avant même que vous puissiez vous installer dans votre nouvelle condition spirituelle, vous apercevez au loin deux pics d'une condition encore supérieure. Il s'agit des deux colonnes transcendantales, la Sagesse et la Compréhension, qui mènent droit à la Gloire, au sommet de l'Arbre de Vie.

Ici, les montagnes indiquent que vous êtes déjà arrivé plus loin que vous ne l'auriez imaginé, mais que l'heure n'est pas au repos : vous devez continuer à avancer, vous avez la force de poursuivre le chemin entamé il y a longtemps déjà.

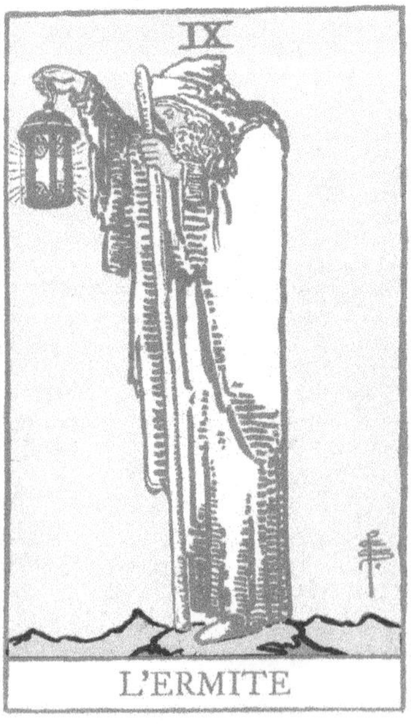

L'ERMITE

L'Ermite

Avec l'Ermite, l'esprit atteint un autre pic et se tient désormais face au ciel : rien ne s'ouvre devant lui que l'immensité infinie de l'espace transcendantal. C'est là l'accomplissement ultime de l'esprit : arriver au point où rien n'est visible au-delà du chemin parcouru. Ce sommet est le lieu où l'esprit rejoint la transcendance, bien loin au-dessus de l'imagination du monde physique, votre point de départ, dans la scène de la Lune. Vous êtes allé aussi loin que vous le pouviez. Il vous est impossible de continuer sans l'aide d'une puissance supérieure.

Les Amoureux

Terminons notre odyssée dans les sommets par la montagne qui se dresse dans le décor des Amoureux. Elle s'élève vers un archange chaleureux qui résout la guerre des sexes, et les oppositions sans fin entre féminin et masculin, par un orgasme unificateur. Il s'agit là de la dernière étape du processus de guérison. Cette montagne désigne l'expérience du retour chez soi.

*

Bien que nous n'ayons abordé que quelques-unes des montagnes qui apparaissent dans le tarot, elles vous donnent une idée de la portée et de l'importance de leur symbolisme dans un tirage.

Tous les exemples donnés décrivent une étape de l'ascension, chacune menant un peu plus haut que la précédente. Ils amènent la question suivante : « Que faire de cette information dans un tirage ? » Or, cette question est superficielle. La problématique est plus profonde et doit être abordée avant qu'on puisse répondre à la question elle-même. Ce qui nous amène à notre conclusion…

Rappelez-vous notre point de départ, la prise de conscience de la montagne comme symbole d'une expérience transcendantale, d'une condition humaine qui dépasse l'ordinaire.

Le tarot sert habituellement à gérer les événements ordinaires du quotidien, importants aux yeux de ceux qui vivent dans un état ordinaire – c'est-à-dire la plupart des gens, la plupart du temps et dans la plupart des cas. Or, l'un des soucis du tarot est que la plupart de ceux qui l'étudient et le pratiquent ne s'intéressent à rien d'autre. Leur intérêt et leur foi résident dans l'ordinaire, le concret. C'est ainsi qu'ils se perçoivent, c'est ainsi qu'ils perçoivent les autres et le monde. Ils savent théoriquement que le monde ne se résume pas à la condition humaine ordinaire, mais cette préoccupation leur paraît si lointaine qu'ils ne ressentent pas l'envie de s'y pencher.

Les montagnes symbolisent l'extraordinaire, au-delà de l'état « normal » des choses, et elles apparaissent plus souvent sur les cartes que n'importe quel autre symbole. Elles nous rappellent que le vaste, le sacré, le merveilleux, le puissant, l'inconnu et le transcendant font aussi partie de la condition humaine.

Il est bon de se souvenir que tout tirage peut accéder à l'extraordinaire à tout moment et sans prévenir. Il est aussi bon de savoir que vous, qui tirez les cartes, avez la possibilité d'offrir à celui qui vous interroge un cadeau : l'extraordinaire. Voilà, à mon avis, l'ultime leçon des montagnes dans le tarot. Nous aurons l'occasion d'aborder des aspects plus pragmatiques à la fin de ce chapitre, dans notre ancrage des notions.

LES CROIX

Les croix apparaissent sur les cartes suivantes : la Grande Prêtresse, l'Impératrice, l'Empereur, l'Hiérophante, le Pendu, la Mort, le Jugement, l'As de Coupes, le 6 de Coupes et le 3 de Pentacles.

Les deux sections précédentes portaient sur le symbolisme du chemin et de la montagne. Ces deux éléments ont plusieurs choses ont commun. Tout d'abord, ce sont des éléments naturels. Les montagnes se forment par les mouvements de la croûte terrestre, les chemins se créent par les passages répétés d'êtres vivants sur le sol.

Leur côté naturel contraste magnifiquement avec l'image de la croix, tout droit sortie de l'esprit humain. S'il est un symbole de conscience humaine, c'est bien celui-là.

Croix de bois, croix de fer, jurent les enfants. C'est la croix et la bannière, soupire-t-on dans l'effort. Faire une croix sur quelque chose, c'est y renoncer. La croisée des chemins désigne le moment de procéder à un choix délicat. D'ailleurs, le dieu vaudou Elegua et la déesse grecque Hera étaient en charge des carrefours, lieux des décisions de haute importance. De parfaits étrangers prennent de l'importance l'un pour l'autre le jour où leurs chemins se croisent. Croiser le fer, c'est se battre. Porter sa croix, c'est supporter les épreuves de la vie, avec résignation.

Inclinée, la croix devient un X. Tracer un X dans une case, c'est indiquer un choix. En guise de signature, le X est un signe universel d'identité humaine. C'est encore d'un X qu'un trésor enterré est indiqué sur une carte.

Dans le langage, la croix est un symbole particulièrement riche des relations humaines. Le dessin de la croix, lui, nous emporte dans l'univers abstrait des mathématiques, de la logique et de la philosophie. Et nous n'avons même pas encore parlé de la spiritualité ! Tous ces sujets seront ici effleurés – effleurés, car nous n'en connaissons que très peu de chose. Ils véhiculent toutefois des idées intéressantes qui peuvent être utiles dans le tarot.

La croix d'un point de vue visuel

Le principe de la croix est l'absolu contraste entre des opposés. Graphiquement, une croix est l'intersection de deux lignes tracées dans des directions antagoniques. C'est la première caractéristique à retenir dans le contexte du tarot, et la plus importante. Une croix représente la rencontre de deux choses on ne peut plus différentes, mais elle est une interaction créative – et non une collision de plein fouet ni un parallèle stérile entre deux lignes qui ne se rencontreront jamais.

Les deux directions de la croix sont si différentes l'une de l'autre que chacune se vit comme une dimension complètement indépendante. D'ailleurs, elles représentent littéralement les deux premières dimensions de l'espace dans lequel nous vivons. Deuxième caractéristique, la croix est un univers qui reste inaccessible si l'on se contente d'une seule perspective, d'un seul point de vue. Son univers nous permet de créer à un niveau nouveau. Il est souvent le fruit des énergies contraires d'une irréconciliable querelle.

Troisième caractéristique de la croix, ce qu'elle donne ne pourrait provenir d'une perspective unique. Les deux directions se coupent en un point, un centre, qui n'a pour sa part aucune dimension mais dont la fonction est vitale : il est une fontaine infinie et éternelle, la source des quatre bras de la croix qui puisent leur énergie en ce centre. Une croix est faite d'une simple paire d'opposés. Quand les opposés se croisent, ils forment une paire de paires – et cette double dualité est l'un des secrets les plus profonds du tarot. À partir de l'incroyable source qu'est son centre, la croix engendre toutes les complications du monde.

Penchons-nous maintenant, pour le plaisir, sur un aspect que vous n'avez peut-être jamais envisagé. Quand une croix pivote sur son centre, perpendiculairement à ses deux directions originelles, elle crée la troisième dimension du monde physique tel que nous le connaissons. Elle devient une croix à trois bras simultanément tendus dans trois directions radicalement différentes. Il en résulte un monde enrichi à l'infini d'une autre différence absolue.

Imaginez maintenant que nous ajoutions une quatrième direction à la croix, perpendiculaire aux trois premières. Nous ajouterions ainsi une autre différence absolue, une autre dimension. La théorie veut que, pour nous, les trois dimensions sont le maximum dont nous puissions faire l'expérience dans un état stable, que nous appelons « espace ». La quatrième expérience est celle du changement, du passage du temps. On dit qu'un être vivant dont la perception est stable vit tout ce qui diffère de cette perception comme un changement. Chaque moment de notre vie, chaque expérience, qu'elle soit immobile ou en mouvement, correspond à l'intersection de deux directions, deux possibilités, aussi différentes l'une de l'autre que le peut l'Univers.

L'enseignement à en tirer est qu'une croix symbolise tout ce qui change et tout ce qui reste. Elle est une relation entre l'état stable des choses telles qu'elles sont, représenté par la ligne horizontale, et l'état dynamique des choses telles qu'elles pourraient devenir, représenté par la ligne verticale. Elle est le symbole du potentiel créatif de la différence absolue.

Ramenons maintenant ces fascinantes abstractions au tarot.

La croix dans le tarot

Parfois, la croix évoque davantage quatre bras issus d'un même centre que l'intersection de deux lignes. Dans ce cas-là, tous les bras sont d'importance égale, et donc de taille égale. On parle de croix grecque. Celle-ci suggère la stabilité, la somme de tout ce qui est. C'est un symbole universel de sérénité.

Parfois, la croix est la simple intersection d'une ligne horizontale et d'une ligne verticale, la seconde étant plus longue que la première et se prolongeant davantage d'un côté que de l'autre. La verticalité n'est plus un partenaire égal dans un univers stable, mais une force de changement. On parle de croix latine. C'est un symbole religieux qui suggère une insatisfaction face à l'état actuel des choses et le besoin de les améliorer.

On trouve ces deux types de croix dans le tarot.

La Grande Prêtresse

La plus connue des croix grecques du tarot est probablement celle de la Grande Prêtresse. Elle mêle hermétisme et Kabbale, elle est riche de sens, mais simple à décrire. Elle est le centre impénétrable de la gardienne des secrets et figure sur le cœur de la prêtresse.

Ses quatre bras contiennent tous les secrets du chiffre quatre. Cette croix évoque tous les quatre du monde naturel – les quatre directions, les quatre saisons, les quatre phases de la lune, etc.

Elle se réfère également à des symbolismes plus cachés, comme le tétragramme (quatre lettres) de la Bible hébraïque. Le monde entier et le tarot lui-même jailliraient des quaternités – celles-là et d'autres encore.

La croix de la Grande Prêtresse a de nombreux enseignements à livrer, mais le plus important est que ses quatre bras sont de longueurs égales. Le Nord est aussi valable que le Sud, l'hiver que le printemps, la vieillesse que l'enfance. La douleur et le plaisir, la plénitude et le vide et même la vie et la mort se valent. C'est une leçon difficile à apprendre, mais elle apporte sérénité et équilibre à nos vies.

L'Hiérophante

Sur la carte de l'Hiérophante figure l'une des croix les plus intrigantes de ce tarot : la triple croix papale, symbole des trois royaumes de l'esprit sur lesquels règne l'Église catholique. Le premier royaume, symbolisé par la première traverse, est celui de l'Église militante qui convertit, organise et guide les foules. Elle déplace les gens et les fait avancer dans la bonne direction.

La seconde traverse est celle de l'Église pénitente, le monde des anges et des âmes en attente de leur renaissance ou de leur jugement. Elle enseigne et forme l'esprit pour le rendre digne de sa destinée.

La troisième traverse est celle de l'Église triomphante. C'est le royaume des archanges, des cieux, la récompense des vertueux.

Cette même croix rappelle la hiérarchie des trois grades maçonniques : l'Apprenti, qui apprend à vivre en harmonie avec son environnement physique et social, le Compagnon, qui affine son esprit, le Maître, enfin, qui s'efforce de vivre dans un état supérieur de complétude et de sérénité.

Cette croix verticale contraste avec la croix grecque de la Grande Prêtresse. Elle nous enseigne la patience et l'effort. La meilleure des conditions, le meilleur des états auquel on puisse parvenir s'atteint un pas après l'autre, méthodiquement, grâce à des efforts continus.

Le 6 de Coupes

Une autre croix inhabituelle apparaît sur le blason d'un piédestal en pierre sur la carte du 6 de Coupes. Il s'agit d'abord de la croix inclinée de saint André – une croix de martyr. C'est ensuite le blason de Johann Valentin Andreae, auteur des *Noces chymiques de Christian Rosenkreutz*, l'un des trois principaux textes de la Rose-Croix. Ce texte décrit le sacrifice alchimique du fondateur légendaire de l'ordre rosicrucien. C'est, enfin, une référence au titre ésotérique du 6 de Coupes, *Lord of Pleasure* – le X qui indique le plus grand plaisir à tirer d'une situation, quelle qu'elle soit.

Cette référence rattache l'extase au martyr et au sacrifice. Pour la Kabbale, le 6 de Coupes correspond à la beauté de la Création, qui occupe le centre de l'Arbre de Vie. Dans le tarot, cette croix révèle deux messages : premièrement, que donner est le plus grand plaisir et la plus grande récompense qui soient et, deuxièmement, que la meilleure chose à offrir est le plaisir – spirituel, émotionnel, mental ou physique.

*

Pour terminer, voyons le cas de deux croix qui ne ressemblent pas à des croix… La première est importante dans la compréhension du tarot, la seconde dans la compréhension de la vie même.

Le Pendu

La première est la croix en tau du Pendu. « Tau » est le nom de la lettre T en grec, et son importance découle de deux points (une fois encore, on parle de croix et on évoque le chiffre 2… étonnant, non ?). Premièrement, au début du christianisme, quand la croix latine n'était pas encore le symbole de l'Église catholique et que la croix grecque n'était pas celui de l'Église d'Orient, il se disait que la véritable croix était celle en tau – pour deux raisons.

Tout d'abord, c'est ainsi que les Romains fabriquaient les croix destinées à la crucifixion – c'est sur l'une d'elles que Jésus fut donc crucifié. Le bras le plus long, le pieu, était enfoncé de manière définitive dans le sol. Dans les heures sombres de l'Empire romain, des forêts entières de ces pieux étaient plantés dans le sol, prêts à servir… la partie transversale porte le nom de *patibulum*. Elle pesait environ quarante-cinq kilos et le condamné, le *patibulatus*, devait la porter lui-même jusqu'au lieu de son exécution.

Là, on attachait le *patibulatus* au *patibulum* avec des cordes ou des clous, puis on le hissait de manière à fixer le *patibulum* au pieu. On imagine souvent que les deux branches de la croix formaient une belle croix latine. En réalité, les charpentiers de l'armée romaine, qui avaient des centaines, des milliers de croix à assembler, ne se donnaient pas cette peine. Ils se contentaient, pour faciliter l'assemblage, de fixer un crochet en haut du pieu et de percer le centre du *patibulum*. Le poids combiné du *patibulum* et du condamné tenait l'ensemble, qui prenait la forme de la lettre grecque tau.

La seconde raison pour laquelle la véritable croix aurait la forme du tau serait qu'Hélène, impératrice romaine, aurait retrouvé la croix de Jésus – une croix en tau – à Jérusalem, enfouie derrière un temple d'Aphrodite. Elle l'aurait fait rapatrier à Rome et les éclats de cette « croix véritable », reliques sacrées, furent distribués aux églises de tout l'empire. Les sceptiques soulignent que le poids de tous ces éclats correspondrait à une croix si grande qu'elle aurait coulé le navire qui la transportait.

Le second facteur d'importance de la croix en tau est que la lettre T, en hébreu, est *tav*, c'est-à-dire la dernière lettre de l'alphabet hébreu. Tav n'a pas la forme d'un T, mais tau oui – or, c'est sur la traduction grecque de l'Ancien Testament que se base, à l'est comme à l'ouest, le christianisme officiel.

Jésus fut, par conséquent, crucifié sur ce qu'on considérait comme la forme de la dernière expression du judaïsme. Par son sacrifice, il aurait annulé la déchéance de l'homme et permis le salut du monde. La croix en tau devint donc le symbole de la rédemption. C'est cette idée tout entière que suggère, visuellement, le Pendu du tarot.

La leçon de cette carte est qu'une situation impossible ou inacceptable peut être sauvée pour peu qu'on la renverse, qu'on l'observe depuis un tout autre angle de vue. On en revient à l'idée que la seconde direction d'une croix ajoute une nouvelle dimension à n'importe quelle situation, une nouvelle solution à n'importe quel problème.

L'Empereur

L'intensité de la croix de tau du Pendu cède la place à une tout autre sensibilité avec l'ânkh de l'Empereur.

Une ânkh est une croix en tau surmontée d'un cercle ou d'une boucle. C'est un symbole égyptien ancien et vénéré, bien antérieur à la croix. Ce hiéroglyphe représente une ligne verticale, masculine, qui s'élève d'un horizon féminin et prend la forme de l'immortel soleil levant. L'ânkh était portée en amulette par les pharaons et les rois pour leur assurer vie, santé, bonheur et chance. Voilà ce qu'il faut retenir de cette ânkh.

*

La croix, dans le tarot, a de nombreux niveaux d'interprétation au-delà de ceux que nous avons donnés, malheureusement, nous n'avons pas la place ici d'approfondir le sujet. Et bien sûr, il y a toutes les autres cartes comportant des croix, mentionnées plus haut, et dont nous n'avons même pas parlé.

Pour l'heure, il vous suffit de savoir que toute croix, dans le tarot, ouvre une porte – non pas sur une problématique, mais sur une autre dimension. L'ensemble des langages et des paysages qui constituent le tarot se situe de l'autre côté de ces portes. À vous de les trouver, de les ouvrir et de les franchir.

C'est une tâche à la fois simple et difficile – mais aussi, aux yeux de certains, attirante.

Pour y parvenir, il vous suffit de suivre un chemin et d'escalader une montagne...

ANCRAGE DES NOTIONS

Nous allons maintenant passer à l'ancrage des notions abordées dans les trois sections de ce chapitre. Nous voilà abreuvés d'un déluge d'informations et d'idées... or dans ce genre de situation, nous savons d'expérience qu'on se retrouve mouillé tout en ayant absorbé très peu de choses. L'ancrage va nous permettre de nous imprégner de tout ce que nous avons dit, de manière à pouvoir le transmettre aux autres quand ils auront besoin de l'entendre dans un tirage et à le mobiliser pour nous-mêmes quand nous en aurons besoin.

Au cours des parties précédentes, nous avons parlé du mariage du monde d'en haut et du monde d'en bas, de l'engagement envers le meilleur de nous-mêmes, d'initiation, de la différence entre l'extérieur et l'intérieur et du passage de l'un à l'autre par le biais de l'apprentissage, et enfin de la découverte de la beauté et du plaisir qui ponctuent le chemin reliant les deux camps opposés. Tout cela, nous le tenons des représentations des couronnes, des colonnes, des roses et des lys.

Nous en arrivons à présent au chemin, à la montagne et à la croix – à tout ce qu'ils nous apprennent et à tout ce que nous devons en tirer.

Dans le premier ancrage, nous avions longuement récapitulé les informations de chaque symbole. Votre travail consistait à lire, prendre des notes, émettre des commentaires et retenir.

Cette fois, nous allons procéder différemment. Nous souhaitons, pour votre bien, vous faire prendre un rôle plus actif dans l'absorption des enseignements des trois dernières sections. Nous allons donc brièvement rappeler les thèmes principaux des images étudiées, puis nous vous proposerons d'aller chercher en vous-même un lien entre ces images et vos propres pensées, vos propres expériences.

Voici un petit secret pour bien apprendre. Vous l'avez peut-être déjà entendu, mais il vaut la peine d'être répété. Pour apprendre véritablement une notion et vous l'approprier pleinement, vous devez la *contempler*.

Vous allez donc, après notre résumé, procéder à une petite contemplation et voir où elle vous mène. Je suis sûr que vous serez enchanté de cette expérience.

Pour commencer, prenez devant vous les quatorze cartes évoquées au cours des trois dernières parties, c'est-à-dire :

La Grande Prêtresse

L'Empereur

L'Hiérophante

Les Amoureux

L'Ermite

Le Pendu

La Tempérance

La Tour

La Lune

Le Jugement

L'As de Pentacles

Le 8 de Pentacles

Le 6 de Coupes

Le 10 d'Épées

Les cartes figurant des chemins sont la Lune, la Tempérance, l'As et le 8 de Pentacles.

Les montagnes apparaissent sur les Amoureux, l'Ermite, la Tempérance, la Tour, la Lune, le Jugement et le 10 d'Épées.

Les croix figurent sur la Grande Prêtresse, l'Empereur, l'Hiérophante, le Pendu et le 6 de Coupes.

Toutes ces cartes nous donnent une seule et puissante leçon.

Les cartes sont les mêmes pour tous, pourtant ce que nous en tirons nous est propre. Voici un autre secret utile: le monde et ce qui le compose sont tels que vous les voyez. Ce que nous nous apprêtons à résumer, ce sont les enseignements que *nous* ont transmis ces cartes. À vous de voir si elles vous transmettent les mêmes choses.

Les chemins

Un chemin est toujours personnel, quel que soit le nombre de personnes qui l'ont déjà foulé ou qui l'emprunteront ensuite. Il est là pour que nous fassions l'expérience de ce qu'il a à nous apprendre. Tout chemin que nous choisissons nous conviendra pour un court ou un long moment, selon si ce chemin a du cœur à nos yeux. Et cette décision, bien sûr, nous revient. Un chemin propose, il ne demande jamais – bien que suivre un chemin qui nous parle puisse exiger que nous donnions tout ce que nous avons à donner.

Les montagnes

Les montagnes véhiculent un message d'extravagance, de démesure, d'exception. Bien qu'il existe autant de montagnes que d'individus, toutes représentent un objectif, un défi, un horizon et une frontière. Toutes nous montrent ce à quoi nous ressemblerions, ce que serait la vie, si nous nous autorisions à vivre l'extraordinaire au lieu de rester dans l'ordinaire. Contrairement aux chemins, les montagnes sont par essence exigeantes : elles nous forcent à être en pleine possession de nos moyens.

Les croix

Les croix évoquent toutes les suggestions que donnent les dictionnaires et s'appliquent à merveille à toutes les affaires du quotidien : le franchissement d'un seuil ou une limite, les conséquences de choisir telle ou telle direction à un carrefour, le poids d'une croix à porter, l'anticipation du trésor à découvrir au point marqué d'une croix sur la carte, l'importance d'une décision prise en cochant une case… elles évoquent aussi, bien sûr, les croix du panthéisme et des religions de la transcendance, puissants symboles des spiritualités personnelles.

Toutes ces références culturelles, auxquelles s'ajoute la faculté de la croix à révéler de nouvelles dimensions, à offrir de nouvelles perspectives et à ouvrir de nouvelles possibilités de créativité, de développement personnel et d'élévation spirituelle, font de la croix un formidable outil intuitif dans un tirage.

*

Ces quelques rappels devraient vous permettre de vous souvenir des diverses variations des symboles selon les cartes sur lesquels ils apparaissent. Ils constituent également un bon tremplin pour l'exercice de contemplation qui va suivre.

CONTEMPLATION DES SYMBOLES

Pour commencer, fermez les yeux, respirez et détendez-vous.

Laissez le noir vous envelopper. Tranquillisez votre esprit.

Chassez les pensées de votre esprit dans le calme et laissez-vous flotter paisiblement pendant quelques instants.

Quand vous serez prêt, respirez profondément et ouvrez les yeux, tout en restant dans cet état méditatif.

Regardez maintenant les quatorze cartes posées devant vous. Laissez votre œil choisir intuitivement les sept cartes qui vous plaisent le plus ou qui vous touchent le plus en cet instant. Isolez-les et posez les autres sur le côté, face cachée.

Regardez de nouveau les sept cartes que vous avez choisies et prenez les quatre qui vous paraissent les plus importantes pour vous, en cet instant. Mettez les autres de côté, face cachée.

Parmi les quatre cartes restantes, prenez-en une que vous allez contempler. Posez les autres, face cachée, en les gardant à portée de main.

Regardez maintenant la carte que vous avez choisie et concentrez-vous sur un des symboles que nous venons d'étudier – un chemin, une montagne ou une croix.

Laissez cette image pénétrer votre conscience. Fermez les yeux, appelez l'image en esprit et posez-vous la question suivante : « Quels sont le sens et l'importance, pour moi, de ce chemin, de cette montagne ou de cette croix ? »

Écoutez la réponse qui vient à vous. Il peut s'agir d'un message que vous voyez, entendez ou ressentez. Prenez une minute pour écouter, en retenant toutes les réponses que vous recevez.

Le temps est venu de revenir et de prendre note de votre contemplation. Respirez profondément puis, quand vous serez prêt, ouvrez les yeux. Prenez le temps d'écrire ce que vous avez vu, entendu ou ressenti pendant votre contemplation.

On dit, et notre expérience le confirme, que rien ne porte ses fruits sans contemplation. Prenez note des trois autres cartes que vous aviez choisies et, à votre rythme, contemplez le symbole étudié sur chacune. Je vous assure que le résultat en vaudra la peine.

TIRAGE : LE CARREFOUR, LE CHEMIN ET LA MONTAGNE

Ce tirage, qui reprend les concepts précédemment étudiés, est idéal quand il est question de surmonter un obstacle ou d'atteindre un objectif. Les cartes sont disposées en trois parties distinctes : le carrefour, constitué de quatre cartes, le chemin, quatre cartes également, et la montagne, trois cartes.

Le carrefour

Commencez par battre les cartes puis séparez-les en quatre piles. Puis, tout en gardant les cartes face cachée, disposez les piles selon une croix grecque, en conservant un espace vide au milieu, comme ceci.

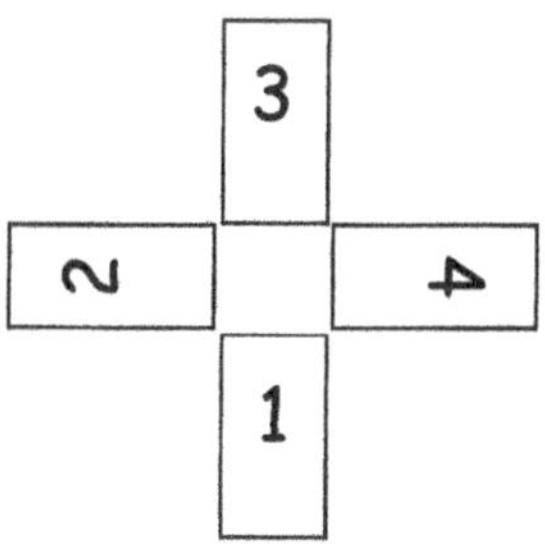

Retournez la première carte de chaque pile et orientez-la de manière que le bas de la carte soit positionné vers le centre de la croix.

Contemplez ces quatre cartes et choisissez celle dont l'énergie reflète le mieux la direction que vous souhaitez suivre en ce moment. Il peut s'agir de celle qui vous paraît la plus prometteuse pour vous aider à atteindre votre objectif. Vous pouvez aussi vous sentir attiré par un élément important ou mystérieux.

Replacez les trois autres cartes face cachée.

Laissez la carte que vous avez choisie face visible et reprenez les autres cartes de cette même pile : c'est avec elles que vous allez poursuivre le tirage.

Le chemin

Prenez les quatre premières cartes du petit paquet qui vous reste en main et disposez-les à droite du carrefour, les unes derrière les autres pour créer un chemin. Vous pouvez lui donner la forme que vous voulez ; nous vous suggérons quelque chose de ce genre.

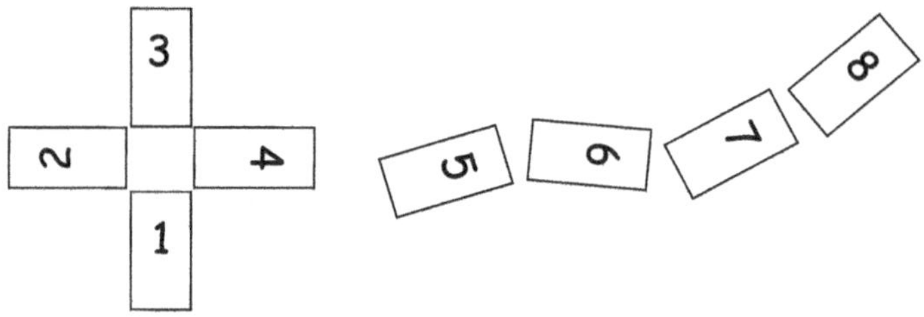

Il peut s'agir d'un chemin intérieur ou extérieur. Les cartes peuvent suggérer des actions à mener, des choses à envisager ou à observer le long du chemin. Elles peuvent représenter des événements à venir et la meilleure manière d'y réagir intérieurement, tout en continuant votre route. Contemplez les cartes qui constituent ce chemin. Même si leur message semble clair au premier abord, leur signification profonde est souvent révélée au fil du temps.

La montagne

La montagne est formée par les trois cartes suivantes du paquet. Positionnez-les au bout du chemin, deux cartes en bas et une carte en haut, comme ceci :

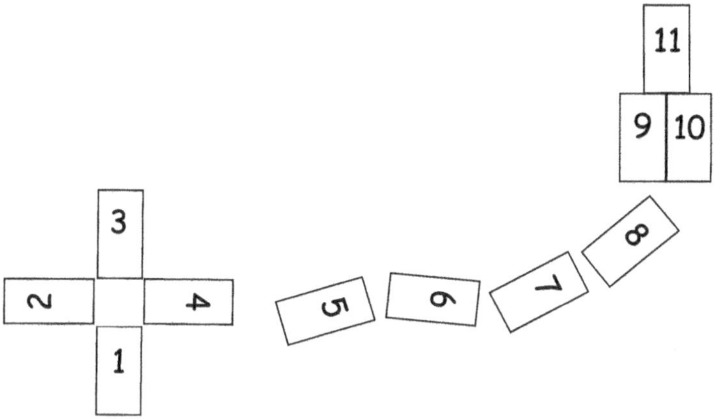

Ces trois cartes décrivent comment gravir la montagne, qui représente l'objectif que vous vous êtes fixé ou l'obstacle que vous cherchez à surmonter. Elles vous donnent également un aperçu de la meilleure approche à adopter.

Considérations additionnelles

Si votre objectif n'est pas réaliste ou atteignable pour l'instant, les cartes qui constituent le carrefour vous le feront savoir. Si aucune des quatre cartes ne présente une direction claire ou acceptable, mieux vaut attendre et retenter un tirage un peu plus tard.

Si plusieurs cartes vous paraissent convenir, c'est qu'il y a des chances que vous puissiez atteindre votre objectif de plusieurs manières. Prenez toutefois le temps de contempler les cartes et de choisir la direction qui vous attire le plus.

CHAPITRE 3

Lunes, étoiles et bassins

LES LUNES

Je dois vous avouer pour commencer que nous entretenons une histoire d'amour avec la lune. Cette partie tiendra donc davantage de la contemplation que de la leçon et sera plus personnel et moins formel qu'à l'accoutumée.

Depuis les temps immémoriaux où la conscience a pris forme humaine, nous considérons la lune, le soleil et la terre comme la famille dont nous sommes issus. Ils sont les premiers et les plus universels des symboles. Ils sont d'ailleurs peut-être même à l'origine de notre propension à créer des symboles. Dans la plupart des lieux et des époques, ils sont mère, père et enfant, extérieurs par essence tout en étant ressentis intérieurement.

À de très rares exceptions près, les êtres humains ont toujours considéré la lune comme féminine. Dès lors que la nature est déifiée, la lune est une déesse. Elle est la femme en chacun de nous.

Elle règne sur la nuit et sur toutes nos parts d'ombre. Elle règne sur la mer et sur tout ce qui, en nous, s'apparente à des marées. Elle règne sur le temps et sur les changements qui s'opèrent en nous. Elle règne sur les cycles et tout ce qui se répète en nous.

CONTEMPLATION DE LA LUNE

Prenez un long moment pour évoquer la lune telle qu'elle vous apparaît.

Fermez les yeux, respirez, détendez-vous. Laissez l'obscurité vous envelopper, laissez toutes vos pensées et vos émotions se dissoudre dans l'ombre. Restez dans ces ténèbres et laissez-vous flotter quelques instants.

Le temps est venu pour la lune de se lever dans la nuit de votre conscience. Visualisez-la. Ressentez sa lumière. Laissez-la illuminer vos ténèbres. Pendant les minutes qui vont suivre, vous allez regarder, ressentir et explorer votre paysage intérieur, éclairé par la lune.

Il est temps de revenir.

> Laissez la lune se coucher lentement dans votre nuit intérieure. Vous voilà de nouveau plongé dans le noir. Restez-y un instant.
>
> Reprenez conscience de votre environnement. Étirez vos doigts, vos orteils. Respirez profondément deux fois puis, quand vous êtes prêt, ouvrez les yeux.
>
> Prenez une minute ou deux pour écrire votre expérience et ce qu'elle signifie pour vous.

Tout ce que vous avez vu et ressenti vous appartient et constitue un premier aperçu de la lune telle qu'elle vit en vous. Nous avons commencé cette partie par cette petite expérience, car l'une des principales caractéristiques de la lune est qu'elle est éminemment personnelle – elle est intime, proche, à la fois physiquement et symboliquement.

Mais parce qu'elle est et a toujours été une expérience intime, elle a fait l'objet de nombreux écrits et réflexions, elle a été décrite et objectifiée, comme tous les objets et expériences qui traversent notre conscience.

La lune est affaire de poésie et de science, de religion et de magie, d'amour et de folie. Tous ces domaines la décrivent dans leurs mots. Tous sont légitimes, à leur manière, et ont des conséquences particulières sur notre vie.

La Lune est le plus proche des astres. C'est la raison pour laquelle l'humanité en fit l'objectif de sa première tentative de quitter physiquement la Terre, grâce aux pouvoirs de la science et de la technologie, grâce au courage des aventuriers et des explorateurs. Atteindre la Lune nous a donné, pour la première fois dans l'histoire, un autre sol à fouler. Il pourrait bien s'agir d'un bond quantique dans l'évolution de notre espèce.

Repensez à tout cela quand votre œil est attiré par une lune dans un tirage.

En astrologie, la lune est aussi le plus proche des corps célestes, la plus intime des planètes personnelles, la première et la plus observée des lueurs qui émanent du ciel et de nous-mêmes.

Dans la Kabbale, la lune est associée au chiffre neuf, parmi une série de dix. Elle est, spirituellement et physiquement, la première étape de l'évolution humaine, qu'on nomme « voyage retour dans le tarot ».

Pour les francs-maçons comme pour les alchimistes, la lune est un partenaire à part entière, essentiel dans la division de la vie en pôles indispensables, essentiel aussi dans le processus de guérison et dans l'union spirituelle et magique, qui est le but ultime de l'esprit humain.

Dans un tirage, plusieurs aspects de la lune sont à garder en mémoire.

Dans la poésie, dans la mythologie, au théâtre et en psychologie, la lune est le visage du féminin divin – et des histoires de cœur, du mystère, de la sagesse et de la folie. Elle éveille et engendre nos parts de douceur et nos parts d'ombre. Amoureux, voleurs, loups-garous, sorcières, hommes-médecine, fous et sages-femmes : tous sont des enfants de la lune. Dans l'ancien temps, la lune était le symbole et la force de la matriarchie, du règne des femmes avant que l'énergie masculine ne conquière le monde.

La lune gouverne la nuit et les pouvoirs de cette dernière. La lumière qu'elle dégage n'est pas la sienne, aussi est-elle indirecte, indistincte, froide et pâle. Voir les choses à la lumière de la lune, c'est comme les voir dans un miroir – réflexion ou reflet, rien n'est certain. Une distorsion est toujours possible, une erreur facilement commise. Les contours deviennent flous – c'est le règne des ombres. Pour toutes ces raisons, la Lune du tarot est associée à la tromperie et aux illusions.

On dit que les âmes des morts vivent dans la lune et que ces âmes descendent du ciel pour s'incarner de nouveau. Toute réalité perd de sa substance à la lueur de la lune, tout ce qui n'a pas encore pris forme attend dans le royaume de la lune l'occasion de se manifester dans le monde physique. Par conséquent, la lune gouvernerait le plan astral, lieu des fantômes, des esprits et des rêves.

Tout cela fait de la lune la principale source céleste de la magie. Sorciers et sorcières, de tout lieu et en tout temps, connaissent les pouvoirs de la lune et les utilisent dans leurs rituels. Dans le tarot, l'apparition de la lune peut signifier que le moment est propice à la magie.

Nous venons brièvement d'aborder divers aspects de la lune, mais le sujet est vaste et le temps limité, aussi avons-nous passé sous silence bien d'autres choses encore. Mais, dans tout ce que nous venons de dire, la lune est envisagée comme une chose unique – un objet assimilable, comme beaucoup d'autres, à une seule apparence.

Or la lune, comme chacun sait, a de nombreuses apparences et change, ne serait-ce qu'un peu, chaque fois qu'on l'aperçoit. Elle est nouvelle, puis croît, devient pleine et décroît, jusqu'à s'effacer de nouveau – et ce chaque mois. Ses changements sont perpétuels, mais parfaitement prévisibles et stables. C'est la raison pour laquelle elle symbolise le cycle du temps. La roue de l'année, les saisons, le flux et le reflux des marées, le cycle menstruel du genre féminin, les calendriers primitifs : tous sont rythmés par les changements d'apparence de la lune.

En conséquence, la lune incarne tout ce qui a trait à la voyance, aux boules de cristal, au tarot lui-même et aux femmes.

La lune dans le tarot

Dans le tarot de Rider-Waite-Smith, la lune apparaît sur le Deux d'Épées, le 7 d'Épées, le 8 de Coupes, la Grande Prêtresse, l'Hiérophante, le Chariot et la Lune.

Sur le 2 d'Épées, le 7 d'Épées et l'Hiérophante, sa signification est purement astrologique et se réfère chaque fois à l'attribution astrologique des cartes :

Le 2 d'Épées : Lune en Balance

Le 7 d'Épées : Lune en Verseau

L'Hiérophante : Taureau (symbole composé du disque solaire et d'un croissant de lune).

La Grande Prêtresse

La lune de la Grande Prêtresse apparaît sur sa couronne et à ses pieds. Sur la couronne, elle est un symbole général du féminin divin et se réfère plus spécifiquement à son rôle triple : jeune fille, mère et vieillarde (phases croissante, pleine et décroissante). C'est également une référence au titre ésotérique de la carte, « Daughter of the Silver Star », et à la déesse égyptienne Hathor. Le croissant de lune à ses pieds fait référence à la Vierge Marie, *Stella Maris*, l'étoile de la mer, que les peintres représentaient naviguant sur un bateau de lune. Et, bien sûr, l'attribution astrologique de la Grande Prêtresse est la Lune.

Le Chariot

Une lune croissante et une lune décroissante ornent les épaules de l'aurige. Elles symbolisent le contrepoids, l'équilibre parfait entre le bonheur et la tristesse, l'essor et la chute, la croissance et le déclin.

Le 8 de Coupes

Sur le 8 de Coupes, la lune éclipse le soleil, en référence à son appellation ésotérique, Seigneur des succès abandonnés, qui implique un indispensable périple de la lumière aux ténèbres.

La Lune

Enfin, la lune apparaît sur la carte qui lui est dédiée dans sa phase de dissémination, juste après la pleine lune. L'astrologie nous dit que, dans cette phase, son énergie est assimilative, évaluative, innovante. C'est donc une lune qui apprend, comme le rappelle l'image du chemin qui s'ouvre devant nous et qui mène jusqu'aux montagnes au loin.

*

Quelle que soit la carte et quelle que soit la phase, chaque apparition de la lune dans un tirage y apporte toutes ses significations, toutes ses références. Le troisième œil est ouvert, l'intuition est à l'œuvre, les réponses s'imposent d'elles-mêmes.

L'astrologie, la wicca, la Kabbale, l'alchimie, la mythologie, la psychologie, la poésie, l'histoire, la science et la religion ont toutes contribué aux innombrables coutumes qui entourent la lune. Pour ne pas nous étendre outre mesure et préserver notre santé mentale, cette partie s'arrête ici. Si toutefois la lune vous fascine, sachez que vous pouvez consacrer une vie entière à la connaître et à la comprendre.

LES ÉTOILES

Bienvenue dans cette partie dédiée aux étoiles. Nous ne parlerons pas ici des vraies étoiles : la physique se charge déjà de décrire la réalité. Les étoiles du tarot sont purement symboliques et n'apparaissent nulle part ailleurs qu'au firmament de notre imagination. Et encore, même pas, si on s'en tient à une imagination « normale ». Ces étoiles-là n'existent que dans l'inventivité des créateurs des symboles ésotériques.

Néanmoins, tout ce qui capte notre attention dans le monde physique possède son pendant au sein de notre paysage intérieur. C'est de cette manière que le monde physique se fait professeur.

Avant de se laisser influencer par un enseignement extérieur, il est toujours bon de chercher en soi ses propres significations, ses propres interprétations. Pendant quelques minutes, nous allons donc observer les étoiles de notre univers intérieur pour découvrir ce à quoi elles ressemblent et ce qu'elles veulent dire pour nous.

CONTEMPLATION DES ÉTOILES

Prenez le temps d'éteindre toutes les lumières artificielles qui vous entourent et d'éliminer tous les bruits qui ne sont pas indispensables.

Installez-vous dans une position confortable que vous puissiez maintenir sans remuer pendant cinq minutes.

Fermez les yeux. Respirez. Détendez-vous.

Laissez l'obscurité vous envelopper et dissoudre vos pensées.

Laissez vos émotions s'éloigner dans le noir. Laissez les sensations physiques perdre de leur importance, laissez vos désirs s'effacer jusqu'à les oublier. Drapez-vous dans cette obscurité calme et paisible, et laissez-vous dériver.

L'obscurité devient votre ciel, un ciel clair, sans lune ni nuage. Une étoile apparaît. Tournez votre attention vers elle.

D'autres étoiles apparaissent. Prenez-en conscience aussi.

Posez-vous les trois questions suivantes :

1. Que sont ces étoiles ?

2. Comment me font-elles me sentir ?

3. Que veulent-elles dire pour moi ?

Il est temps maintenant de revenir. Les étoiles s'évanouissent, seule reste l'obscurité limpide de votre propre nuit. Savourez-la un instant.

Reprenez conscience de votre environnement. Remuez vos doigts et vos orteils. Respirez profondément deux fois puis, quand vous êtes prêt, ouvrez les yeux. Bon retour parmi nous.

À présent, rallumez les lumières autour de vous.

Prenez deux minutes pour écrire vos réponses aux questions que vous vous êtes posées. Quand on prend note d'une contemplation, la meilleure méthode consiste à écrire spontanément sans se censurer, jusqu'à avoir l'impression d'avoir tout dit. À vous de jouer.

La symbolique des étoiles

Il existe, comme nous le disions précédemment, de vraies étoiles, réelles, physiques. Il existe, comme vous venez de le découvrir, des étoiles au cœur de notre conscience intuitive. Parlons maintenant des étoiles en tant que symboles. L'essence de leur symbolisme tient en trois mots : inatteignables, indénombrables, inapprochables. Les étoiles échappent à notre portée, elles sont bien plus nombreuses qu'on ne pourrait les compter et leur pouvoir est si grand qu'on ne peut s'en approcher.

Vues d'ici, les étoiles du ciel ont une importance symbolique – aussi avons-nous tendance à les associer à une lumière divine et bienveillante. Les étoiles sont les lumières du firmament. Dans certaines cultures, chaque étoile est un ange et chaque être humain possède un ange qui le guide et le protège.

Pour beaucoup, les étoiles sont des entités à la fois sublimes et bienveillantes. Elles nous emplissent de paix et d'espoir dès qu'on les regarde ou qu'on les convoque en pensée. C'est la raison pour laquelle la carte de l'Étoile est souvent interprétée comme un signe d'espoir et de chance.

L'ambition humaine étant sans limites et les étoiles à l'évidence hors d'atteinte, ces dernières sont la cible des plus hautes prétentions des sciences pratiques et théoriques. Viser les étoiles est une expression populaire qui évoque les grandes aspirations. C'est d'elles dont il est question dès lors que l'Étoile apparaît comme symbole : elle suggère par essence tout ce qui est désirable et, en apparence, inatteignable.

Cela est vrai des étoiles quand nous les voyons sur la vaste toile du ciel ou quand leur forme passe inaperçue. Toutefois, en tant que symboles, elles se présentent dans des contextes et des formes bien spécifiques – et sont alors radicalement différentes de tout ce que nous venons de dire.

La signification d'une étoile symbolique dépend de sa forme. Dans le monde ésotérique, auquel se rattache le tarot, les étoiles sont des formes géométriques, des arrangements de points réguliers ou bien des rayons disposés autour d'un centre. Le sens de ces étoiles magiques dépend du nombre de branches ou de rayons. Elles en ont cinq, six, sept, huit ou neuf, selon le sens que leur attribuent les traditions ésotériques. Le tarot de RWS n'utilise que des étoiles à cinq, six et huit branches, nous ne parlerons donc que de celles-là. Et, bien sûr, il nous faudra être bref, comme toujours.

Le pentagramme

L'étoile à cinq branches, ou pentagramme, est la forme d'étoile la plus connue. On la reconnaît clairement dans l'As et toute la suite de Pentacles. Elle apparaît sur les drapeaux de nombreuses nations, partout dans le monde. Elle est, surtout, un symbole universel de magie.

AS DE PENTACLES

Dans les religions, elle représente un peu tout, de l'angélique au démoniaque, et elle joue un rôle majeur dans le symbolisme de plusieurs ordres ésotériques comme la franc-maçonnerie, la Rose-Croix et l'Aube dorée.

Pour ces derniers, comme pour l'alchimie et la Kabbale, le pentagramme est surtout le symbole du microcosme, le monde d'en bas auquel fait référence l'expression « En haut comme en bas », « *As above, so below* ». Il schématise le corps humain : quatre membres, une tête et un torse. Il est enfin l'emblème du concept développé à la Renaissance qui dit que l'« homme est la mesure de toute chose » – qui pourrait bien être le principe fondateur absolu de l'ésotérisme occidental tout entier.

L'hexagramme

L'étoile à six branches, ou hexagramme, est aussi appelée « étoile de David » ou encore « sceau de Salomon ». L'étoile de David est un emblème relativement récent du judaïsme, et plus précisément du sionisme. Quant au sceau de Salomon, la légende dit que l'hexagramme gravé sur la bague magique du roi Salomon renfermait le secret de ses pouvoirs magiques.

Comme vous le savez sans doute, un hexagramme est composé de deux triangles entrelacés, l'un pointant vers le haut, l'autre vers le bas. L'un symbolise le feu, le masculin, l'autre l'eau, le féminin. Le monde tout entier est supposé naître de l'interaction de ces deux principes. L'hexagramme est le symbole du macrocosme, le monde d'en haut auquel fait référence l'expression « En haut comme en bas ».

Tout cela est connu… cependant, la forme de cette étoile présente de nombreux aspects un peu moins notoires. Laissez-moi vous donner un exemple tiré de l'alchimie.

Commencez par tracer, avec soin, un hexagramme composé de deux triangles d'environ cinq centimètres de côté.

Au-dessus de la pointe supérieure, écrivez : plomb – Saturne

En dessous de la pointe inférieure, écrivez : argent – Lune

À côté de la pointe en haut à gauche : fer – Mars

En haut à droite : étain – Jupiter

En bas à droite : cuivre – Vénus

En bas à gauche : mercure – Mercure

Au centre : or – Soleil

Tracez un second hexagramme de mêmes dimensions.

Au-dessus de la pointe supérieure, écrivez : feu

En dessous de la pointe inférieure : eau

Entre les deux pointes de droite : air

Entre les deux pointes de gauche : terre

Écrivez à la pointe en haut à droite : chaud

En haut à gauche : sec

En bas à gauche : froid

En bas à droite : humide

Dans la tradition hermétique, l'hexagramme symbolise le Grand Œuvre de l'évolution humaine. Il correspond aux sept métaux qui composent toutes les choses matérielles, aux sept planètes qui constituent le ciel tout entier. On trouve en son centre le soleil et l'or, symboles de perfection, et tout autour les états imparfaits.

Le Grand Œuvre de l'alchimie correspond à la transmutation des états fragmentaires de la conscience humaine, représentée par le cercle des qualités physiques et spirituelles imparfaites. Cette transmutation résulte de la manipulation des quatre éléments et de leurs quatre propriétés alchimiques. Voilà ce que représente l'étoile à six branches.

L'étoile à huit branches

L'étoile à huit branches est l'étoile de l'esprit. Plusieurs traditions mentionnent une échelle à sept barreaux qui permet d'accéder au ciel et à la perfection. Ces barreaux peuvent être représentés par les sept planètes de l'astronomie antique, appelées « astres errants » en raison de leurs déplacements constants. Chacune illustre une leçon à apprendre, une étape vers l'évolution spirituelle. Une fois les sept barreaux gravis, on atteint le huitième niveau, celui de la perfection, celui des étoiles éternelles et fixes.

L'étoile à huit branches est aussi le symbole de l'étoile du matin et du soir (la planète Vénus), qui serait la plus belle de toutes.

Les étoiles dans le tarot

Listons les cartes où apparaissent des étoiles : l'intégralité de la suite de Pentacles, le Diable, le Magicien, l'Impératrice, l'Ermite, le Fou, l'Étoile et enfin le Chariot.

Dans le tarot, le pentagramme est au cœur de toute la suite de Pentacles, associé à l'élément terre en tant que forme ultime du microcosme, c'est-à-dire le monde d'en bas. Sur la carte du Diable, il figure à l'envers pour deux raisons : d'abord pour marquer le caractère charnel que l'Église associe au Diable, et ensuite en référence aux Templiers, accusés de mépriser le symbole de la croix et de vouer un culte à Baphomet – qui a pour symbole un pentagramme renversé. Le pentagramme apparaît également, avec les symboles des autres suites, sur la table du Magicien, signe de son pouvoir sur tous les éléments.

Dans le tarot, son message se résume à un mot, *terre*, et à tout ce qui lui est associé : richesse et possessions, santé, appétits, sens.

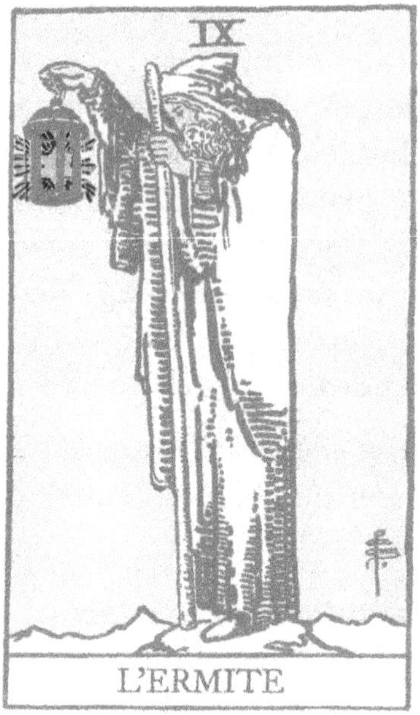

L'hexagramme, lui, apparaît sur deux cartes, l'Impératrice et l'Ermite. La référence, dans les deux cas, est kabbalistique. Sur la couronne de l'Impératrice sont représentées douze étoiles, autrement dit le zodiaque tout entier. Celui-ci serait lié à la Sagesse, autrement dit le début du chemin menant à l'Arbre de Vie. Sur la carte de l'Ermite, l'hexagramme qui émane de sa lanterne symbolise la lumière qu'il engendre en atteignant la frontière entre le monde d'en haut et le monde d'en bas, au sommet de sa montagne. Cette frontière marque, sur l'Arbre de Vie, la fin du voyage retour.

L'hexagramme véhicule donc deux choses : la sagesse et la lumière.

L'étoile à huit branches figure sur le Fou et l'Étoile. Les douze étoiles de la tunique du Fou mêlent la perfection de l'étoile à huit branches aux douze signes du zodiaque. Sur la carte de l'Étoile, la beauté parfaite de la huitième étoile parachève le chemin de l'élévation spirituelle représentée par les sept petites étoiles. Cette carte, dite de l'intelligence naturelle, illustre la perfection au cœur de la nature.

L'ÉTOILE

L'étoile à huit branches nous révèle le sens de la beauté et de la perfection qui vient récompenser l'achèvement d'un voyage intérieur.

Nos trois types d'étoiles se retrouvent sur le dais du Chariot, un symbole maçonnique. Dans la franc-maçonnerie, le dais étoilé symbolise en effet l'Univers tout entier – l'en bas et l'en haut, l'au-dedans et l'en dehors, le mystique et le manifesté. Les étoiles du dais se réfèrent également au Chariot, *House of Influence* dans son appellation ésotérique, qui transporte les bonnes choses du monde d'en haut vers le monde d'en bas, et inversement.

LE CHARIOT

Les étoiles du Chariot représentent l'Univers tout entier et ce qu'il contient de bon.

*

Comme pour la majorité des symboles du tarot, l'étude et la contemplation des étoiles devraient se prolonger bien au-delà de ce que nous vous proposons ici. Une telle étude constituerait un beau voyage – et pourrait bien devenir, pourquoi pas, votre propre voyage intérieur.

LES BASSINS

Bienvenue dans cette section consacrée aux bassins, qui apparaissent sur trois cartes : la Tempérance, l'Étoile et la Lune. Nous parlons ici de plans d'eau naturels, autrement dit ni créés ni altérés par l'homme.

Cette partie sur les bassins s'est révélée particulièrement intéressante à élaborer. Aucun des dictionnaires de symboles que nous possédons n'en fait mention et, dans les ouvrages dédiés au tarot, les références sont peu nombreuses et peu utiles dans la vie de tous les jours. Notre instinct nous soufflait toutefois que les bassins naturels constituaient un symbole fort. Faute de source officielle et détaillée, nous nous sommes donc tournés vers nous-mêmes, convaincus d'y trouver quelque chose – et ce fut le cas. Par conséquent, cette partie ne peut prétendre à aucune autre légitimité que notre seule intuition.

Spontanément, nous avons associé l'image du bassin avec l'amusement pur et simple. Quand nous étions enfants, les plans d'eau étaient des lieux où jouer, nager, se rafraîchir et se laver. En grandissant, la rêverie, la méditation et les rendez-vous amoureux sont venus s'ajouter à la liste des plaisirs associés à ces lieux et à leur paisibilité. Ces bassins-là, ces expériences-là, n'avaient rien de symbolique : ils étaient bien réels.

La première chose à savoir du bassin en tant que symbole est que celui-ci, comme la lune, est purement féminin : on n'y retrouve aucun attribut masculin. Un bassin est un contenant, fait de terre, rempli d'eau. Bien qu'il existe toutes sortes de bassins dans le monde réel, les bassins symboliques sont profonds, sombres et froids. Ils réfléchissent leur environnement. Ils ne contiennent aucune lumière, aucune chaleur, aucun air. Leurs bords sont courbes ou irréguliers, jamais droits. Ils sont tour à tour accueillants et effrayants. Ils sont relativement petits et intimistes.

L'eau y est fraîche ou stagnante, claire ou trouble, pure ou empoisonnée. Les bassins symboliques sont tantôt anciens, tantôt nouvellement formés, mais tous renferment et nourrissent diverses formes de vie.

La surface d'un bassin est ouverte, évidente. C'est un lieu de flottement, suspendu entre l'air et la lumière du monde du dessus et l'obscurité humide du monde d'en dessous. Ses profondeurs, remplies de mystères et de secrets, englobent à la fois la vie et la mort.

Prenez un instant pour déterminer si cette description correspond à vos observations et à votre sensibilité.

En matière de symboles, surtout quand ils sont purement féminins, l'expérience prévaut toujours sur la théorie. Vous savez déjà que tout ce qui retient votre attention dans le monde physique s'installe dans votre conscience et vit quelque part en vous, que vous le sachiez ou non. Pénétrer dans votre monde intérieur et y trouver ce que vous cherchez est une simple question de technique. D'ici quelques minutes, vous voyagerez vers *votre* bassin, un bassin qui n'est pas un symbole du tarot, mais qui fait partie de votre propre paysage intérieur. Ce bassin que vous découvrirez sera donc unique.

Prenez un moment pour éteindre ou tamiser vos lumières et vous installer confortablement.

VOYAGE VERS VOTRE BASSIN INTÉRIEUR

Fermez les yeux et drapez-vous dans l'obscurité.

Respirez. Détendez-vous.

Laissez-vous flotter quelques instants sans pensées, ni émotions, ni sensations. Laissez-vous porter, calmement.

Vous êtes à présent dans une salle toute en pierre, dont les proportions rappellent celles d'un cube. La pièce est carrée, aussi large et longue que haute. Le sol est froid. Vous êtes pieds nus.

La pièce n'a qu'une seule porte et aucune fenêtre, bien qu'elle soit suffisamment lumineuse pour qu'on puisse y voir. Avancez jusqu'à la porte, ouvrez-la et franchissez-la.

Vous voilà sur le palier d'un escalier qui descend à perte de vue. Prenez un instant pour observer et mémoriser ce palier.

D'ici quelques secondes, vous commencerez à descendre les escaliers.

Maintenant.

Tout en descendant, marche après marche, prêtez attention à ce que vous voyez et ressentez.

Vous arrivez en bas de l'escalier sur une plage étroite. Sentez le sable sous vos pieds.

Juste en face de vous, s'étale un vaste plan d'eau. Une jetée part du bord de l'eau vers un bateau. Visualisez-la bien.

Avancez dans le sable puis sur la jetée, jusqu'au bateau. Montez à bord et explorez-le pendant une minute. Ce bateau va vous emmener jusqu'à une île où se trouve le bassin qui vous attend.

Le bateau s'éloigne de la jetée. Votre voyage commence. Soyez pleinement conscient, retenez tout ce que vous voyez et ressentez.

Devant vous, apparaît une île. À la prochaine respiration, vous l'atteindrez et mettrez pied à terre.

Explorez l'île jusqu'à découvrir son bassin caché. Observez ses moindres recoins. Quand vous avez trouvé le bassin, asseyez-vous devant et attendez.

À présent, si (et seulement si) vous le souhaitez, dévêtissez-vous et entrez dans l'eau. Vous avez la capacité d'atteindre en toute sécurité les profondeurs pour vivre une immersion totale et prolongée.

Au cours des prochaines minutes, vous allez ouvrir vos sens, vos pensées, vos émotions. Explorez les eaux comme vous l'entendez. Laissez l'expérience vous atteindre en profondeur.

Il est temps maintenant de ressortir. Séchez-vous et rhabillez-vous au besoin, puis installez-vous au bord du bassin et méditez.

Respirez. Détendez-vous.

Vous êtes parti loin, vous avez vécu beaucoup de choses. Prenez le temps de contempler ce que vous avez vu et ressenti au cours de ce voyage.

Quand vous vous sentez prêt à revenir, reprenez lentement conscience de votre corps et du lieu où vous vous trouvez physiquement. Remuez les orteils. Pliez, puis relâchez les doigts.

Respirez profondément deux fois. Quand vous vous sentez prêt, ouvrez les yeux, tout en restant dans cet état méditatif.

> Bon retour parmi nous!
>
> Prenez le temps de rallumer les lumières autour de vous.
>
> Au cours des prochaines minutes, remémorez-vous votre expérience et écrivez les aspects les plus importants de votre voyage, en prêtant une attention toute particulière à ce que vous avez vécu dans le bassin.

Tout ce que vous avez observé et ressenti vous est propre et existe en vous, prêt à vous accueillir dès que vous le souhaitez. Le bassin est votre conscience, l'eau du bassin votre voyage. Sachez que ce voyage n'est autre que votre expérience de la vie. En ce sens, votre corps physique et la vie qui l'anime forment un grand bassin mystérieux.

Les bassins dans le tarot

Dans le tarot, les bassins ont plusieurs significations, selon où ils se trouvent. Ces significations sont ésotériques et portent sur l'odyssée spirituelle de ceux qui pratiquent la magie rituelle. Chaque bassin se situe au cœur d'un paysage, au bord d'un chemin toujours plus élevé sur l'Arbre de Vie. Le bassin de la Lune est le plus sombre et le plus mélancolique. Celui de l'Étoile, légèrement plus clair et plus propre, représente une avancée personnelle. Celui de la Tempérance, le plus clair et le plus froid, marque un grand pas vers l'avant et vers le haut.

La Lune

Le sens du bassin sur la carte de la Lune est relativement simple. Cette carte, dans son ensemble, montre les premiers pas d'une évolution personnelle et le long chemin à parcourir pour atteindre l'éveil spirituel. Le bassin représente le noir des rêves de celui qui s'est endormi dans le monde physique. Pour la magie rituelle, le quotidien et ses soucis sont les eaux sombres et boueuses qui gisent au fond du bassin. L'écrevisse représente la conscience primitive qui remonte des eaux noires vers la lumière de la lune pour entamer son long chemin d'éveil.

L'Étoile

Ici aussi, le sens du bassin est simple : il s'agit du bassin de la conscience spirituelle que nous explorons, par le biais de la méditation, dans l'espoir de découvrir notre perfection intrinsèque. L'Étoile désigne l'intelligence naturelle. On dit qu'il est possible, en suivant ce chemin de l'Arbre de Vie, de perfectionner tout ce qui est, nous inclus. Bien sûr, la méditation demande des efforts, de la discipline, de la volonté, du désir. Selon l'adage magique qui dit que l'« homme est la mesure de toute chose », le bassin de l'Étoile véhicule l'idée que la perfection du monde dépend de notre capacité à exercer ces qualités.

La Tempérance

Pour comprendre le bassin de la Tempérance, vous devez savoir qu'il fait partie d'un symbole plus complexe qui relève à la fois de la Kabbale et de l'alchimie – un symbole de sexualité spirituelle, comme un tantra de l'hermétisme, qui invoque des énergies à la fois masculines et féminines prenant forme dans une seule personne à la fois.

Vous remarquerez, en observant attentivement la carte, que l'archange Michel (le personnage principal, au premier plan) a sur le front un disque solaire, un cercle avec un point en son centre. Le bassin figure en bas de la carte, à ses pieds. Le bassin et le disque solaire font référence aux deux extrémités du chemin de la Tempérance sur l'Arbre de Vie – le bassin lunaire de Yesod en bas, le disque solaire de Tiphereth en haut.

Le bassin, lié à l'élément eau, symbolise une sexualité purement féminine. Le soleil, alias le feu, symbolise une sexualité purement masculine. Tous deux existent en chaque être humain, à la fois isolément et reliés par le chemin de la Tempérance de l'Arbre de Vie.

On dit que, par une sorte de masturbation alchimico-spirituelle, le bassin et le soleil, l'eau et le feu, le féminin et le masculin s'unissent dans un immense orgasme vibratoire qui nous fait quitter notre état physique pour atteindre un état spirituel. C'est la percée cruciale sur la voie de l'élévation spirituelle, qui ne peut s'atteindre qu'en usant du catalyseur qu'est la magie sexuelle. En cas d'échec, il faut aller chercher sa limite en faisant l'expérience de la Tour. Ce concept est intéressant et nécessite plus d'explications que nous ne pouvons en donner ici. Soulignons au passage que les deux coupes utilisées par l'archange pour transvaser l'énergie symbolisent la manipulation solitaire de l'énergie sexuelle.

Ce qu'il faut retenir du bassin en tant que symbole, c'est qu'il désigne la vie de tous les jours comme le point de départ d'une aventure spirituelle, d'un développement personnel. Il est aussi utile de se rappeler que le bassin est un élément naturel simple, agréable et beau.

EXERCICES D'INTERPRÉTATION

Comme vous le voyez, dans le tarot, le bassin symbolise toujours le point de départ d'une évolution personnelle et spirituelle. Il peut être difficile de faire le lien avec les situations du quotidien, mais c'est possible. Nous vous suggérons, quand vous effectuez un tirage, de partir des aspects utiles de ce symbole et de les modifier pour refléter vos besoins du moment. Si la situation s'y prête, ou si vous préférez procéder ainsi, vous pouvez partir de ce que vous-même rattachez à l'image du bassin.

Une bonne façon d'apprendre à le faire est d'appliquer le symbolisme du bassin à de vrais tirages. Voici les questions de trois hypothétiques requérants qui vous aideront à ancrer dans le concret les idées développées dans cette partie.

CAS PRATIQUES

Question n°1: *Je suis un ancien soldat de 24 ans, j'ai fait l'Irak et je souffre d'un syndrome de stress post-traumatique sévère. Je me sens perdu, en colère, déprimé et mélancolique. Le monde me semble affreux, même quand je regarde des enfants jouer depuis ma fenêtre. Je n'arrive à me lier à personne, et je me sens souvent méchant et violent. Même avec une thérapie et le soutien d'une famille aimante, je ne sais pas quoi faire. Je suis venu me faire tirer les cartes en me disant: « Qui sait, peut-être que ça m'aidera. »*

Vous décidez de faire un tirage à une carte et vous tirez la Lune.

Que vous dit le bassin de cette carte qui puisse vous être utile?

Question n°2: *Je suis une femme de 47 ans, j'ai un mari ennuyeux, deux enfants adorables, une carrière et une vie tout à fait respectables. Je suis tombée amoureuse du prêtre de ma paroisse. Que faire?*

Vous faites un tirage à une carte et tirez l'Étoile.

Quelle réponse la carte, et notamment le bassin qui y figure, apporte-t-elle à votre requérante?

Question n°3: *Je suis une adolescente de 16 ans et deux gars vraiment super m'ont dit qu'ils m'aimaient. Le premier est doux, très beau, il écrit des poèmes, c'est une bonne pâte. Le second est fort, il a un corps superbe, il fait du sport, c'est excitant et drôle d'être avec lui. Ils ne se connaissent pas. Quand je suis avec l'un, j'ai l'impression de tromper l'autre, mais je n'arrive pas à choisir. Est-ce mal? Je ne sais pas quoi faire.*

Vous tirez la Tempérance.

Quel est votre conseil, fondé sur cette carte en général et sur son bassin en particulier?

*

Ces questions sont volontairement complexes et difficiles, mais ce sont de vraies situations de la vie. L'avantage du tarot, c'est qu'on peut toujours compter sur lui pour apporter un point de vue précieux à n'importe quelle situation.

ANCRAGE DES NOTIONS

Voici venu le moment de procéder à l'ancrage des trois symboles que nous venons de voir. Ils apparaissent sur :

L'As de Pentacles

Le 2 d'Épées

Le 7 d'Épées

Le 8 de Coupes

Le Fou

Le Magicien

La Grande Prêtresse

L'Impératrice

L'Hiérophante

Le Chariot

L'Ermite

La Tempérance

Le Diable

L'Étoile

La Lune

Normalement, au moment de l'ancrage, je commence par un rappel du sens général des symboles concernés, puis je récapitule brièvement leurs significations selon les cartes. Cette façon de procéder vous aide à vous rappeler les nombreuses informations transmises tout au long des trois parties.

Nous allons cette fois utiliser une autre approche. Au lieu de lire de nouveau ces informations, vous allez chercher à savoir ce dont vous vous rappelez spontanément. Vous aurez ensuite l'occasion de voir si vous pouvez le mettre en pratique. Nous allons procéder de la manière la plus simple qui soit – avec des questions.

Auparavant, je tiens à rappeler que les questions que l'on peut poser quant aux significations et aux symboles du tarot peuvent prendre plusieurs formes, plusieurs styles. Chacun de nous est unique, chacun s'intéresse et réagit à différents niveaux, aussi les questions ont-elles aussi différents niveaux.

Les questions peuvent être concrètes, en lien avec la vie de tous les jours. Elles peuvent être psychologiques et émotionnelles, et se référer à des choses très personnelles et très intérieures. Certaines personnes sont fascinées par l'ésotérisme et l'occultisme, d'autres aiment les questionnements philosophiques et spirituels au sens large.

Le fait est que chaque carte, chaque image, chaque symbole répond simultanément à chaque sorte de question. Votre travail consiste donc à retenir, à comprendre et à mettre en application ce que vous avez appris dans une démarche qui *vous* correspond et qui *vous* intéresse. Rappelez-vous, toutefois, que les styles des requérants diffèrent aussi et que vous avez donc intérêt à manier autant de styles et de niveaux que vous le pouvez.

QUESTIONNEMENT PRATIQUE

Les premières questions à vous poser sont donc les suivantes :

Avec quel niveau et quel style de questions êtes-vous le plus à l'aise ?

À quel type de questions répondez-vous le mieux ?

- Questions pratiques et concrètes.
- Questions émotionnelles et psychologiques.
- Questions spirituelles et philosophiques.
- Questions ésotériques et abstraites.

Êtes-vous à l'aise avec plus d'un de ces domaines ?

Y a-t-il un domaine ou plusieurs qui ne soient vraiment pas votre tasse de thé ?

Il vaut mieux être au clair sur vos forces et domaines de prédilection, et connaître vos points de faiblesse.

Notre dernière partie ayant porté sur les lunes, les étoiles et les bassins, la question suivante est donc :

De quoi vous rappelez-vous au sujet :

- Des lunes
- Des étoiles
- Des bassins

Puis :

Quelles significations spécifiques ont ces images quand elles apparaissent sur chaque carte ?

Et enfin :

Comment et dans quel contexte ces informations peuvent-elles vous être utiles, que vous tiriez les cartes pour vous ou pour une tierce personne ?

En répondant clairement et pleinement à ces questions, vous prendrez conscience de ce que vous avez appris, même si la réponse est parfois « Je ne sais pas ». Vous pouvez utiliser ces questions, ou des variantes, pour mesurer vos progrès dans la compréhension, la mémorisation et l'intégration du contenu de cette partie et des suivantes.

Avant de poursuivre, prenez le temps de vous poser ces mêmes questions pour tous les symboles étudiés jusqu'ici. Le processus, vous verrez, est particulièrement utile et révélateur.

TIRAGE : LE BASSIN, LA LUNE ET L'ÉTOILE

Ce tirage s'inspire des trois symboles que nous venons d'étudier. Il implique quatre cartes et, quoique subtil, il est puissant et particulièrement efficace pour la manifestation de vos rêves et l'accomplissement de vos ambitions. Je ne vous donne pas là une procédure pas à pas, mais plutôt un guide d'approche des problématiques et considérations plus générales.

Dans ce tirage, on retrouve un bassin à la surface miroitante, des eaux profondes et au-dessus, dans le ciel, la lune et une étoile scintillante.

Les positions 1 et 2 correspondent au bassin, la 3 à la lune et la 4 à l'étoile. Attention, il s'agit là de la position des cartes, à ne pas confondre avec les cartes de la Lune et de l'Étoile. Disposez sur ces emplacements les cartes que vous avez tirées.

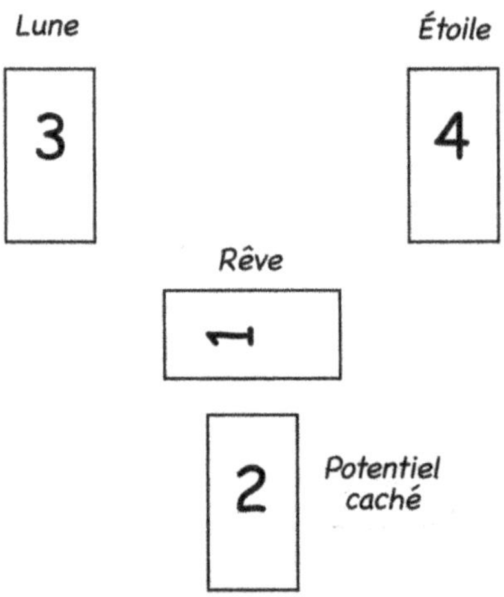

La carte 1, celle du rêve, est placée à l'horizontale et se lit comme si elle apparaissait à l'endroit.

La carte 2, celle du potentiel caché, se place à la verticale, sous le rêve.

La 3, celle de la lune, est au-dessus du bassin, à gauche.

La 4, celle de l'étoile, est au-dessus du bassin, à droite.

Le rêve

Cette carte à l'horizontale représente la surface du bassin et reflète l'objet de votre désir : une chose que vous souhaitez avoir, être ou faire. Cette carte révèle un aspect de votre rêve que vous pouvez déjà imaginer. Vous pouvez commencer votre tirage avec un rêve en tête ou laisser la carte vous suggérer un rêve que vous pourriez envisager. La carte doit toujours être lue à l'endroit.

Le potentiel caché

Sous la surface du bassin se cache ce que vous ne pouvez voir. Ces eaux profondes détiennent votre potentiel caché – la matrice qui forme la substance de votre rêve. Dites-vous que c'est une sorte d'ingrédient secret dans votre recette du succès. Si elle apparaît à l'endroit, alors la carte est proche de la surface et indique que son énergie peut être utilisée dès que vous serez prêt à vous engager vers votre rêve. Si elle apparaît à l'envers, alors elle est plus profondément enfoncée dans l'eau et peut indiquer qu'il vous faudra travailler un peu plus dur pour accéder à cette énergie, ou que votre rêve est plus risqué que vous ne le pensez. Cela ne signifie pas pour autant que vous devez l'abandonner – mais que vous devrez plonger un peu plus profondément pour trouver ce dont vous avez besoin.

La lune

La lune étant en perpétuel mouvement, par ses phases et son cycle, cette carte représente une chose qui doit changer – un plan d'action, un timing, une attitude… tenez compte de l'orientation à l'endroit ou à l'envers de la carte comme vous le feriez dans un tirage ordinaire pour approfondir la nature de ce changement.

L'étoile

Contrairement à la lune, l'étoile représente une force stable – ce qui ne change pas. Si vous travaillez déjà à réaliser votre rêve, cette carte vous désigne ce que vous devriez continuer à faire. Si ça n'est pas encore le cas, alors elle décrira ce que vous devrez conserver. Comme précédemment, tenez compte de l'orientation de la carte comme dans un tirage classique.

*

Ce tirage peut se lire rapidement, mais mieux vaut s'y pencher dans un état de contemplation silencieuse, comme si vous étiez assis au bord d'un bassin par une belle nuit étoilée.

CHAPITRE 4

Chevaux, soleils et bannières

LES CHEVAUX

Bienvenue dans notre partie sur les chevaux dans le tarot. Dans le Rider-Waite-Smith, ils apparaissent sur sept cartes : les quatre Cavaliers, la Mort, le Soleil et le 6 de Bâtons. D'autres tarots les font figurer sur d'autres cartes, notamment le Chariot.

Le cheval, en tant que symbole, évoque la beauté, la vitesse, la puissance, la noblesse. Il sous-entend toujours la liberté et la distance. C'est un symbole magnifique.

Mais avant de continuer...

VOYAGE DU CHEVAL

Fermez les yeux. Respirez, détendez-vous. Drapez-vous dans l'obscurité.

Dans quelques secondes, une porte va s'ouvrir dans le noir et vous émergerez dans un paysage inconnu, sauvage et infini. La porte s'ouvre sur votre prochaine inspiration.

Regardez vos pieds. Vous ne serez pas surpris de constater que vous en avez quatre et qu'ils ont des sabots. Vous avez le corps, le cœur, l'esprit d'un cheval. Prenez conscience de vous-même et de votre identité nouvelle. Prenez une minute pour ressentir le type de cheval que vous êtes devenu.

Devant vous, s'étend l'inconnu. Avancez, toujours en tant que cheval. Faites ce que vous avez à faire, allez où vous devez aller, devenez ce que vous devez devenir. L'horloge indiquera que quinze minutes se sont écoulées, mais vous aurez passé une éternité dans cet autre monde, sous cette autre forme.

Il est temps de revenir. Prenez le temps de faire vos adieux au paysage. Quand vous avez terminé, revenez vers la porte par laquelle vous êtes arrivé.

Dans quelques secondes, vous repasserez par ce portail entre les mondes. En le franchissant, vous allez reprendre votre forme humaine et rester quelques instants dans l'obscurité qui vous entoure. Franchissez le portail sur votre prochaine inspiration.

> Reprenez conscience de votre environnement habituel. Remuez les doigts et les orteils. Tapez légèrement le sol du pied, trois fois. Respirez profondément deux fois. Quand vous êtes prêt, ouvrez les yeux.
>
> Prenez le temps de noter sur une feuille l'essence de cette expérience et de ses moments marquants.

Le cheval relève à la fois du symbole, du mythe et de la légende. Bien qu'il soit arrivé plus tard en certains endroits de la planète qu'en d'autres, il est d'emblée profondément entré dans la vie et dans la mythologie de l'humanité. Le cheval a toujours été dieu ou déesse, ou fils d'un dieu ou d'une déesse. Il est simultanément associé aux enfers et au paradis.

Cette superbe créature, sauvage et libre, a été mise au service des dieux et de l'humanité. Elle a tiré et porté des chariots, des attelages, des calèches, des Cavaliers – humains et divins. Les chevaux tirent le chariot du soleil dans le ciel, ils emmènent les guerriers humains et divins à la bataille, ils transportent les princesses dans les mariages royaux, ils mènent les rois et les empereurs lors des processions. Les conquérants à cheval ont parcouru tous les continents. Les Cavaliers, aujourd'hui encore, font courir leurs montures sur des pistes, activité typiquement humaine s'il en est. Un cheval est une possession précieuse, un compagnon pour les chasseurs et les voyageurs des quatre coins du monde. C'était, enfin, une offrande ultime aux dieux en cas de sacrifice nécessaire.

Les chevaux sont tant liés à l'Histoire et aux histoires de l'humanité qu'ils semblent indispensables, inséparables même des hommes. C'est de cette intimité qu'est né le mythe du centaure, mi-homme, mi-cheval. D'ailleurs, les histoires, les mythes, les légendes et l'importance historique des chevaux sont si nombreux et si universels qu'il ne sera pas possible de tous les aborder dans cette partie.

La description de leur symbolisme dans le tarot suffira ici. Cette description sera volontairement courte et servira de tremplin à l'expérience. Nous venons déjà de faire un premier voyage et nous aurons l'occasion, d'ici à la fin de ce chapitre, d'en faire un autre. Ce symbole gagne à être vécu plutôt que raconté.

Sur les sept cartes illustrées d'un cheval, on compte trois chevaux lunaires, deux chevaux solaires et deux autres terrestres.

En Asie, puis en Grèce, au Moyen-Orient et en Europe, la légende disait que le cheval avait été créé par les dieux de la terre et de l'eau. Le cheval surgit des profondeurs et galope dans la nuit, gouverné par la lune. Les dieux de l'air et du soleil en ont aussi revendiqué la paternité. Les chevaux servent de montures aux divinités et aux héros des deux mondes, celui d'en bas et celui d'en haut, et les emmènent où bon leur semble.

Cela étant dit, le cheval a toujours eu une affinité particulière avec l'au-delà et les morts. Les âmes défuntes ne savent rien des paysages de l'au-delà – alors les chevaux, qui les connaissent dans les moindres détails, leur servent de guide. Les héros mènent leurs chevaux dans le monde physique, mais s'en remettent à eux dès lors qu'ils pénètrent dans le monde des ténèbres : c'est alors aux chevaux, qui en connaissent les chemins et les dangers, de guider à leur tour les héros.

La Mort

Le cheval de la carte de la Mort fait partie de ces guides. C'est lui qui choisit le chemin et impose son allure – la Mort se satisfait du lieu où il l'emmène. Ici, le cheval est pâle, fantomatique. C'est une créature de la lune, de la nuit, de l'au-delà, bien qu'il soit représenté en blanc dans un paysage clair.

Il y a deux clés dans cette image : la première est le soleil, qui se lève et se couche simultanément en arrière-plan, et situe donc la scène soit à l'aube, soit au crépuscule. La seconde est la falaise, qui délimite un paysage de vie au-dessus et de mort en dessous. Le cheval, la Mort et tous les personnages de la carte s'inscrivent dans ce paysage de mort.

Le Cavalier de Coupes

Le second cheval lunaire est celui du Cavalier de Coupes, lancé dans un voyage mystique – la quête du Graal. L'aventurier a mené son cheval à la rivière qui sépare la réalité ordinaire d'un paysage périlleux et sacré, celui du cœur. À partir de maintenant, c'est le cheval qui va guider son Cavalier.

Le Cavalier de Pentacles

Ce cheval-là est noir, en référence à la Terre dont il est issu. Il est déjà dans son élément. Il est immobile, car il est arrivé à destination : il a mené le Cavalier jusqu'à l'émergence. Le voyage aller est terminé, il n'y a plus qu'à accomplir le voyage retour. Pour y survivre, le Cavalier de Pentacles devra continuer à s'en remettre au pouvoir, à la connaissance et à la volonté de son cheval.

Le Cavalier d'Épées

CAVALIER D'ÉPÉES

Cette fois, le cheval est véritablement blanc – couleur de pureté, de beauté et de noblesse, autant de qualités qu'il transmet à son Cavalier. Le Cavalier d'Épées, qui était une brute, un tyran et un tueur, devient un guerrier et un héros.

Le Cavalier de Bâtons

CAVALIER DE BÂTONS

Le cheval rouge du Cavalier de Bâtons est un cheval solaire, doté des caractéristiques du feu. Comme le cheval du Cavalier d'Épées, il imprègne son Cavalier de ses vertus quasi divines : immédiateté, certitude, bravoure et invulnérabilité.

Le 6 de Bâtons

Là encore, un cheval terrestre blanc transporte son Cavalier depuis le passé vers le présent, puis le futur du monde des hommes. L'ambition de cette carte étant de représenter la victoire, le cheval est blanc en signe de noblesse, de triomphe et de parfaite soumission à la volonté de son Cavalier.

Le Soleil

On ne pourrait être plus solaire que ce cheval, étalon des dieux, digne monture du cavalier ultime. Cheval et cavalier sont égaux en vertu, en pureté et en noblesse. Ils n'ont aucun défaut, ils sont parfaits au-dedans comme en dehors. Leur direction et leur intention sont en parfaite harmonie.

*

Voilà donc les sept chevaux du tarot.

VOYAGE DU CHEVAL ET DE SON CAVALIER

Nous allons maintenant entamer un autre voyage.

Commencez par passer deux minutes à étudier soigneusement et à mémoriser les paysages des sept cartes illustrées d'un cheval, de manière à les voir en détail une fois les yeux fermés.

À présent, fermez les yeux et visualisez en esprit chaque paysage.

Ouvrez les yeux et regardez de nouveau les cartes. Mémorisez-les dans les moindres détails.

Prenez le temps de tamiser ou d'éteindre les lumières autour de vous.

Fermez de nouveau les yeux. Enveloppez-vous d'obscurité.

Une fois encore, une porte s'ouvre vers un paysage inconnu. Sur la prochaine respiration, vous allez entrer dans ce paysage.

Vous êtes maintenant sur un cheval, l'un des sept du tarot, dans le paysage de la monture que vous avez choisie. Avancez dans ce paysage et guidez votre cheval, ou laissez-le vous guider vers ce que ces lieux vous réservent.

Il est temps à présent de revenir d'où vous veniez. Quand vous êtes prêt, revenez vers la porte qui sépare les mondes. D'ici quelques secondes, vous mettrez pied à terre et franchirez la porte dans l'autre sens, vers l'obscurité. Allez-y sur la prochaine respiration.

Reprenez conscience de votre environnement. Pliez les doigts, les orteils, puis relâchez-les.

Bon retour parmi nous. Prenez maintenant le temps de coucher votre expérience sur le papier.

Quand un cheval retient votre attention dans un tirage, laissez-le vous rappeler qu'il symbolise l'énergie et le style d'un voyage. Parfois, le voyage est lunaire et se rattache à la nuit, à ce que Jung appellerait votre « ombre ». Parfois, il est solaire, il se rattache à la lumière et à l'esprit. Et, parfois, il est terrestre et porte sur vos aventures du quotidien.

- Le cheval pâle de la Mort vous emmène vers vos propres ombres.

- Le cheval du Cavalier de Coupes vous fait franchir la rivière qui sépare le sacré de l'ordinaire, pour pénétrer dans le royaume du cœur.
- Le Cavalier de Pentacles, sur le cheval noir de la Terre, se tient à la fin d'un voyage et au début d'un autre.
- L'héroïque Cavalier d'Épées mène son superbe étalon vers une glorieuse aventure.
- Le cheval rouge du Cavalier de Bâtons est prêt à partir où et quand l'esprit le demande.
- Le doux et noble cheval blanc du 6 de Bâtons emmène le héros méritant loin au-dessus de la foule, vers la gloire.
- La beauté pure et parfaite du cheval blanc du Soleil emporte son radieux cavalier vers un destin heureux.

Au tarot, cheval et cavalier sont inséparables. Le cheval transmet au cavalier ses vertus et la force d'avancer. Le cavalier donne au cheval sa direction et son objectif. À eux deux, ils constituent toujours les personnages principaux d'une histoire – d'une histoire importante ou d'un chapitre de vie significatif pour quiconque cherche des réponses dans les cartes.

LES SOLEILS

Ici commence notre partie sur les soleils dans le tarot. On les retrouve sur sept cartes : le Fou, l'Hiérophante, les Amoureux, le Chariot, la Mort, la Tempérance et le Soleil.

Le sens, les références et la portée des soleils changent selon les cartes, comme c'était le cas pour les lunes et les étoiles. Vous vous souvenez peut-être que les lunes ont plusieurs phases et que les étoiles n'ont pas toutes le même nombre de bras ou de rayons. Pour les soleils, la différence réside dans le ciel dans lequel ils apparaissent.

Un soleil peut être alchimique, kabbalistique, maçonnique, égyptien, astrologique, mythologique, psychologique et, enfin, scientifique – autant de formes que l'esprit donne au soleil qui apparaît dans notre ciel.

Chacun de ces soleils est fascinant en soi. Chacun met en lumière une partie de nous et du monde dans lequel nous vivons. Tous répondent, en grande partie, à ces deux questions : qui sommes-nous ? D'où venons-nous ? Comme nous n'avons que quelques pages à notre disposition, nous ne serons pas aveuglés par ce que nous entrevoyons. Si nous pouvions consacrer à ce sujet autant de mots que nous le pouvions, nous en sortirions tout simplement éblouis.

Je mentionne ici les lunes et les étoiles par contraste, pour indiquer un point de comparaison. Les lunes et les étoiles se définissent pleinement par ce qu'elles sont : des objets dans le ciel. En tant qu'objet, leur signification va du simple corps physique à l'entité spirituelle et même à la divinité. Ces objets sont ce qu'ils sont, quoi qu'ils soient.

Les soleils, eux, bien qu'ils soient à la fois physiques et symboliques, sont aussi des pouvoirs et des sources de pouvoir. On pourrait même dire qu'ils sont la source de tous les pouvoirs.

Sur le plan physique, le soleil est la source ultime de votre énergie et de votre existence.

Sur le plan psychologique, le pouvoir du soleil est la source et la nature de votre conscience.

Sur le plan spirituel, le soleil représente la source et la nature radieuses de votre esprit. Tout ce qui existe, y compris vous-même, naît du soleil et en tire sa puissance.

Si le soleil venait à s'éteindre, sur un plan ou un autre, alors toute vie, toute existence s'éteindrait avec lui sur ce plan. On ne peut pas en dire autant des nombreux phénomènes des autres mondes. S'il y a bien une chose à retenir avec les soleils, parmi tout ce que nous en dirons dans ce chapitre, c'est que le soleil est pouvoir.

Contemplez quelques instants cette phrase : le soleil est pouvoir. Validez-vous cette affirmation à l'aune de votre propre expérience ? Ou la remettez-vous en question ?

Prenons maintenant le temps d'observer le soleil selon différents points de vue.

Astrologie

En astrologie, le soleil est une planète parmi d'autres qui tourne autour d'un centre : la conscience. Aujourd'hui, et ça n'a pas toujours été le cas, l'influence du soleil réside dans ce qu'il y a de plus visible en nous. Pour résumer, le soleil révèle ce que l'on peut voir d'un individu, en surface ou proche de la surface, et ce qui influencera sa vie de manière directe et immédiate. Le symbole du soleil, en astrologie, est un cercle marqué d'un point en son centre.

Franc-maçonnerie

Dans la franc-maçonnerie, le soleil représente la moitié de l'univers matériel. Il va de pair avec la lune et les étoiles.

Le soleil représente la moitié du monde baignée de lumière ; il symbolise tout ce qui peut être associé à la lumière du jour. La lune et des étoiles, qui représentent la moitié du monde plongée dans l'obscurité, symbolisent tout ce qui peut être associé à la nuit. Le soleil d'un côté, la lune et les étoiles de l'autre apparaissent toujours ensemble, jamais séparément, puisque ce sont eux qui, ensemble, constituent le monde physique. Ils forment une dualité réciproque fondamentale : ils ne peuvent exister l'un sans les autres.

Chez les francs-maçons, le soleil est généralement symbolisé par un disque entouré de rayons. Dans le cas où le symbole doit être simple et abrégé, le soleil est représenté par un cercle marqué d'un point en son centre.

Alchimie

La tâche ultime et impérative de l'alchimie consiste à faire évoluer l'esprit et la matière, depuis leur état de base jusqu'à leur état supérieur. On décrit parfois cette évolution comme une succession d'étapes – les barreaux d'une échelle à gravir, un à la fois. Chaque étape de cette progression vient affiner et améliorer l'étape précédente, et chacune est associée à une planète et à un métal. Chaque planète évoque un dieu grec qui a des leçons à transmettre, des pouvoirs à conférer. Le métal associé à la planète exprime l'équivalence physique de sa nature psychologique et spirituelle.

Pour les alchimistes, le soleil est l'échelon le plus pur, le plus parfait, le plus puissant sur l'échelle de l'évolution. Il est associé à l'or, le plus pur et le plus raffiné des métaux, véritable perfection de la nature. Le symbole alchimique du soleil, et de l'or, est un cercle marqué d'un point en son centre.

Kabbale

Le soleil apparaît trois fois dans la Kabbale, quoique jamais directement.

Il apparaît d'abord en tant que Couronne, première sphère de l'Arbre de Vie. Il est le commencement éclatant de toute création ; sa gloire abstraite contient tout ce qui est à venir. Sa couleur est le blanc.

Il est ensuite la Beauté, sixième sphère, au centre de l'Arbre de vie. C'est le soleil dont le rayonnement imprègne et définit le monde de l'esprit. Il est à la fois la source et l'objectif de l'éveil spirituel. Sa couleur est le jaune.

Le soleil est enfin la trentième voie de l'Arbre de Vie, la lettre hébraïque Resh, qui signifie commencement et est associée à la conscience dans le monde physique. Il est la lueur dans le regard des êtres vivants qui signale leur conscience. Sa couleur est rouge orangé.

La Kabbale ne tolérant pas les images, il n'existe pas de symbole kabbalistique du soleil.

Science

La science considère le soleil comme le centre de notre univers immédiat et la source de toute énergie, et donc de toute vie, dans le système solaire. Le soleil est une étoile, et les étoiles sont une coalescence de la matière et de l'énergie de l'Univers tout entier, le big bang qui donne naissance à tout. On dit que nous sommes faits de poussières d'étoile et que le soleil est notre étoile à nous. La vie sans lui serait impossible.

La science des planètes, du soleil et des étoiles, c'est-à-dire l'astronomie, symbolise le soleil d'un cercle avec un point en son centre.

Antiquité égyptienne

Les Égyptiens de l'Antiquité considéraient que le soleil quittait chaque matin le monde des morts pour se lever dans le ciel, avant d'y retourner chaque soir. Pour eux, la nuit venait entourer le monde des vivants et celui des morts, le monde d'en haut et celui d'en bas. Le jour était une clarté cyclique dessinée sur la toile d'une nuit perpétuelle. Le soleil était l'enfant d'Hathor, créatrice du monde et déesse de la nuit. Chaque jour nouveau était une renaissance, chaque matin, le soleil naissait du ventre d'Hathor et le monde tout entier se renouvelait avec lui.

Sans le soleil, seuls pouvaient exister les dieux et les déesses. Sa naissance, chaque matin, permettait à l'humanité et à tous les êtres mortels d'exister eux aussi.

Le hiéroglyphe du soleil est un cercle avec un point central, telle la graine de la vie plantée dans le ventre de la déesse. Il s'agit là de la première apparition de ce symbole.

Voyons maintenant ce qu'il en est du soleil dans les cartes.

Le Fou

Le soleil du Fou est celui de la première sphère de la Kabbale, la Couronne. Il est la source de ce qu'on appelle l'Intelligence éclatante, associé au chemin du Fou. De son éclat, jaillira l'Univers à naître tout entier.

Il comporte quatorze rayons, en référence aux chiffres un, deux et onze – les sphères 1 et 2 de l'Arbre de Vie, appelées Couronne et Sagesse, et le chemin n°11, celui du Fou, qui les connecte. 1 + 2 + 11 = 14.

L'importance du soleil sur la carte du Fou vient de ce qu'il est le commencement d'absolument tout.

L'Hiérophante

Chez l'Hiérophante, le soleil est un symbole à la fois maçonnique et astrologique. Associé au croissant de lune, il forme le signe du Taureau (♉), qui correspond à l'attribution astrologique de l'Hiérophante. Il nous rappelle que l'Hiérophante connaît et régule les secrets des parts d'ombre et de lumière qui composent toute chose.

Le Chariot

Le soleil apparaît sur la couronne de l'aurige, dont la symbolique est aussi maçonnique puisque le soleil est ici accompagné de la lune et des étoiles. Le message ici est de conserver un équilibre interne, de rester stable, centré et efficace entre les influences alternées du jour et de la nuit.

Sur l'Hiérophante comme sur le Chariot, le soleil nous rappelle la dualité du symbolisme céleste et la nécessité d'honorer en nous les forces à la fois du jour et de la nuit.

Les Amoureux

Le soleil des Amoureux est purement kabbalistique, bien qu'il corresponde bien aussi à la franc-maçonnerie. Tout ce qui était unifié dans les sphères supérieures de l'Arbre de Vie a été ouvertement séparé en paires d'opposés sur le chemin des Amoureux. Au-delà de ce point du processus créatif, rien ne peut être vu ou compris si on ne se réfère pas à son contraire. Il n'est pas de lumière sans obscurité, pas d'amour sans haine, pas de bien sans mal.

L'homme et la femme de cette carte symbolisent toutes les paires d'opposés. L'ange unificateur qui les surplombe indique comment relier ces opposés. Le soleil derrière lui symbolise la gloire de la voie du milieu dans laquelle tous les opposés fusionnent et à laquelle, le moment venu, ils retourneront.

Ce soleil a quarante-cinq rayons, en référence à la valeur numérique du nom Adam en hébreu. Chez Adam, mâle et femelle ne faisaient qu'un et finiront par être réunis. Le soleil nous rappelle que chaque pan d'une problématique a besoin de l'autre et que toute querelle en apparence irréconciliable peut se résoudre.

La Mort

Vient ensuite la Mort. Il est difficile de dire au premier coup d'œil si le soleil se lève ou s'il se couche, s'il faut y voir l'espoir du jour nouveau ou l'inéluctable arrivée de la nuit. La réponse, bien sûr, relève un peu des deux à la fois. Quand le soleil se lève à un endroit, il se couche à un autre. Quoi qu'il fasse ici et maintenant, il fait le contraire ailleurs.

En tant que symbole *stricto sensu* de la Mort, qu'on perçoit habituellement comme une fin, le soleil se couche, la scène se déroule donc entre le crépuscule et l'aube. Or la Mort est aussi le précurseur d'une vie nouvelle et son indispensable préalable. Vue de cette manière, le soleil se lève : la scène se passe à l'aube. Tous les chemins de la Kabbale, y compris celui de la Mort, sont des chemins à double sens.

Le symbole du soleil, dans la perception kabbalistique de la Mort, désigne cette dernière comme un chemin qu'il faut constamment suivre dans les deux directions. Cela correspond à l'idée égyptienne du soleil – une divinité qui voyage chaque jour entre le royaume des vivants et celui des morts.

Le soleil de la Mort vient nous rappeler que tout moment est à la fois un début et une fin. Ce que vous vivez à l'instant T n'est qu'une question de point de vue.

La Tempérance

Le soleil de la Tempérance est un disque solaire placé sur le front de l'ange. Il fait référence au soleil spirituel de la Beauté, la sixième sphère de l'Arbre de Vie, l'une des extrémités du chemin de la Tempérance. Il représente le feu, l'un des deux extrêmes (chaud et froid) dont il faut faire l'expérience avant de trouver l'équilibre précaire de la voie du milieu – la véritable leçon de la Tempérance.

L'autre extrémité du chemin de la Tempérance, le froid, se retrouve dans l'eau du bassin lunaire aux pieds de l'ange.

Là encore, la Kabbale et la franc-maçonnerie se rejoignent pour exprimer la nécessaire dualité entre le soleil et la lune, le chaud et le froid, la lumière et l'ombre. La leçon de ce soleil, une fois encore, est qu'il ne représente que la moitié de ce qui est. L'autre moitié, celle de la nuit et des ténèbres, est tout aussi nécessaire. Cette leçon, qui revient à maintes reprises dans le tarot, peut être difficile à intégrer dans les moments pénibles de la vie.

Le Soleil

Enfin, le soleil apparaît dans son propre rôle sur la carte du Soleil. Il est ici, sans équivoque, lumineux et heureux, sans aucune part d'ombre. Il est la déité mythologique de centaines de panthéons, l'éclatante boule de feu que tirent dans le ciel les chevaux des dieux.

Il pose un problème potentiel, aussi, si vous tenez à en trouver. Ce problème se loge dans la fonction ésotérique de la carte, qui est double : Fertilité et Stérilité. Le soleil, implacable, peut brûler, aveugler et flétrir ce qui reste trop longtemps sans protection face à son intensité.

Ce soleil a vingt-deux rayons (bien que l'un soit caché par le chiffre en haut de la carte) : onze droits et onze ondulés. Ces vingt-deux rayons font écho aux vingt-deux chemins de l'Arbre de Vie et aux vingt-deux arcanes majeurs qui s'y rattachent. L'alternance entre les rayons droits et les rayons ondulés symbolise l'alternance entre l'énergie masculine et l'énergie féminine, même sous l'éclat direct et féroce du soleil.

L'ultime leçon du soleil, pour sa dernière apparition dans le tarot, est la puissance pure dont nous parlions au début de cette partie. Le soleil jamais ne faiblit ni n'échoue. Il ne fait pas de favoritisme. Il voit tout sans rien juger, il est pareillement disponible pour tout ce qui existe en dessous de lui.

Le pouvoir de vivre, d'être et d'agir est intarissable et universel. Le pouvoir du Soleil ne meurt pas avec la mort ni ne s'efface avec la nuit. Il est toujours là, stable, fort, sûr. Il flamboie au-dehors et en dedans de vous, et rien au monde ne peut l'éteindre.

MÉDITATION DU SOLEIL

Fermez les yeux. Respirez. Détendez-vous. Repensez à cette partie sur le soleil. Voyez si vous trouvez son flamboiement en vous. Si vous le pouvez, prolongez cette expérience quelques instants. Imprégnez vous-en pour la garder longtemps.

Respirez profondément deux fois. Quand vous êtes prêt, ouvrez les yeux.

LES BANNIÈRES

Bienvenue dans ces pages dédiées aux bannières, qui figurent sur trois cartes – la Mort, le Soleil et le Jugement. Elles apparaissent également sur plusieurs arcanes mineurs : les implications de ces bannières seront abordées dans nos propos généraux sur le sujet.

On trouve dans le tarot trois types d'images : les phénomènes naturels investis d'une signification symbolique, les objets du quotidien créés par l'être humain qui ont pris un sens symbolique et enfin les objets entièrement conçus et fabriqués sans autre but que de servir de symboles.

Les bannières relèvent de cette troisième catégorie. Elles sont très anciennes et probablement antérieures à l'écriture ou à tout ce qui s'apparente à une civilisation.

Une bannière, comme une croix, est constituée de deux parties : l'une verticale, l'autre horizontale. La partie verticale est un mât rigide, qui sert à soutenir la partie horizontale et à la lever au-dessus de la tête. Le mât peut être tenu dans une main, fiché dans le sol ou fixé en hauteur, à un toit ou une tour, par exemple. La partie horizontale consiste en un matériau souple attaché au mât. Il porte un symbole et se déploie dans le ciel, à la vue de tous.

L'objectif d'une bannière est d'afficher haut et fort ce symbole, de manière que personne ne puisse le manquer ou l'ignorer. La rigidité et la hauteur du mât lui confèrent son importance, l'énergie du vent lui donne intensité et puissance sacrée. Le mât est sous-entendu, générique – en revanche, la partie flottante est unique et véhicule un message.

Autrefois, avant que l'être humain ne sache écrire, il fabriquait ses bannières en peau ou en queue d'animal. Le message était simple : celui (ou ceux) qui arborait (aient) une bannière possédait (aient) les qualités de l'animal en question.

Puis, l'homme fabriqua ses bannières en cuir ou en tissu et les peignit de symboles – mais les messages étaient les mêmes : ces étendards proclamaient l'identité, les qualités et l'importance d'un individu ou d'un groupe.

En ce sens, la bannière est similaire au totem. Elle véhicule l'importance d'une identité particulière, au point qu'elle possède un pouvoir en soi. La présence d'une bannière sur un champ de bataille, dans un défilé ou sur un édifice symbolise une présence vivante, vitale. S'emparer, profaner ou détruire une bannière, c'est insulter, causer du tort même à la réalité qu'elle représente.

Quand votre bannière flotte haut dans le ciel, alors tout va bien. Quand elle gît au sol, c'est que l'infortune vous guette.

Toutes les communautés qui ont une existence publique et qui s'accordent de l'importance ont une bannière – ou un drapeau, qui est une forme de bannière. Les pays et les partis politiques, les organisations religieuses et spirituelles, les entités civiles, sociales, sportives et militaires, et même les communautés magiques et ésotériques se dotent systématiquement d'une bannière, toujours dans le même but : attirer l'œil, rassembler et concentrer les énergies, dominer l'attention, unifier et véhiculer une identité parmi une foule ou un groupe d'individus.

Les bannières ont un impact : elles attirent l'attention et la retiennent, dans le tarot comme partout ailleurs. Mais, dans le tarot, comme partout ailleurs, le symbolisme et l'identité affichés sur une bannière restent bien souvent énigmatiques. Si personne ne nous les explique, il nous est difficile de les comprendre et d'y voir un appel.

Les bannières apparaissent dans le tarot de façon à la fois directe et indirecte, et leurs significations ont deux origines : la franc-maçonnerie et l'Ordre de l'Aube dorée.

La franc-maçonnerie utilise abondamment les bannières, qui désignent des entités bien distinctes : les Rites d'York, d'Écosse et de l'Arche royale, chacun des grands officiers d'une loge et chaque grande loge, les rituels spécifiques et la franc-maçonnerie en général. Pour l'Aube dorée, les bannières jouent un rôle similaire et reprennent même certains symboles magiques.

L'impact de la franc-maçonnerie sur les bannières du tarot peut sembler surprenant. Le symbolisme maçonnique s'inspire largement des textes bibliques et notamment du roi Salomon, autour duquel tournent de nombreuses légendes, croyances et pratiques maçonniques. La présence indirecte du symbolisme maçonnique dans les bannières du tarot découle de l'étendard (ou bannière) générique de la franc-maçonnerie. Voici une description de son contenu symbolique.

Sur le tapis de loge de l'Arche royale figurent les bannières des douze tribus d'Israël :

Juda – écarlate, emblème : un lion couchant.

Issacar – bleu, emblème : un âne croulant sous son fardeau.

Zabulon – pourpre, emblème : un bateau.

Ruben – rouge, emblème : un homme.

Siméon – jaune, emblème : une épée.

Gad – blanc, emblème : une troupe de cavaliers.

Éphraïm – vert, emblème : un bœuf.

Manassé – couleur chair, emblème : une vigne sur un mur.

Benjamin – vert, emblème : un loup.

Dan – vert, emblème : un aigle.

Asher – pourpre, emblème : une coupe.

Nephthali – bleu, emblème : un cerf.

Quatre de ces bannières composent l'étendard général de la franc-maçonnerie, brandi dans toutes les processions pour se distinguer des autres groupes et communautés.

Cet étendard est divisé en quatre par une croix verte et jaune :

> Premier quart, le lion doré sur fond bleu représente la bannière de la tribu de Juda.
>
> Deuxième quart : le bœuf noir sur fond or représente la bannière de la tribu d'Éphraïm.
>
> Troisième quart : l'homme sur fond or représente la bannière de la tribu de Ruben.
>
> Quatrième quart : l'aigle doré sur fond bleu or représente la bannière de la tribu de Dan.

À cela s'ajoutent, en haut de l'étendard, l'Arche d'alliance et, en bas, l'inscription « Holiness to the Lord ».

Chaque quart de l'étendard représente donc la bannière de l'une des quatre principales tribus d'Israël. Lorsque les douze tribus traversèrent le désert du Sinaï, elles campèrent autour de ces quatre bannières : trois tribus sous l'étendard de Juda à l'est, trois tribus sous l'étendard d'Éphraïm à l'ouest, trois tribus sous l'étendard de Ruben au sud et trois tribus sous l'étendard de Dan au nord. La bannière de Juda représentait un lion, celle d'Éphraïm, un bœuf, celle de Ruben, un homme et enfin celle de Dan, un aigle.

La bannière de la franc-maçonnerie a donc été conçue à partir des bannières des quatre principales tribus d'Israël. La signification de chaque symbole est la suivante :

L'homme incarne la raison.

Le lion incarne le pouvoir.

Le bœuf incarne la patience.

L'aigle incarne la sagesse.

L'étendard maçonnique véhicule l'idée que l'ordre découle de Salomon, le dernier roi d'Israël, sous le règne de qui les douze tribus furent unifiées.

Et où ces quatre symboles de la bannière maçonnique apparaissent-ils dans le tarot? Je suis sûr que vous savez où les trouver, mais saviez-vous de quoi il s'agissait?

Attardons-nous maintenant sur les bannières singulières des trois cartes précédemment évoquées et sur leurs significations.

LA MORT

La Mort

Vient d'abord la bannière noire et blanche que brandit le cavalier squelettique de la Mort. Le soleil du monde des morts y est représenté sous la forme d'une rose blanche sur fond noir. La perfection du soleil qui illumine le monde des vivants devient une rose à cinq pétales dans celui des morts. Ses pistils et ses étamines signent une promesse de renaissance: la mort, jurent-ils, n'est pas une fin, mais un commencement.

LE SOLEIL

Le Soleil

Le rouge orangé de la bannière sur la carte du Soleil est celui du soleil du monde physique, selon la tradition kabbalistique. C'est aussi la couleur du trentième chemin de l'Arbre de Vie, associé à la carte du Soleil. Sa forme est doublement symbolique: elle évoque d'une part le hiéroglyphe désignant Ra, créateur de l'Univers et dieu du soleil, et d'autre part la lettre Resh qui, dans l'alphabet hébreu, signifie source ou commencement. Resh est attribué au trentième chemin de l'Arbre de Vie dans la Kabbale et au Soleil dans le tarot. Dans les deux cas, la forme de la bannière est davantage suggérée que précisément décrite.

Le Jugement

La croix rouge sur fond blanc de cette bannière est elle aussi doublement symbolique. Elle évoque d'abord la bannière des Templiers, qui faisaient le vœu de protéger les pèlerins au fil des frontières et des royaumes traversés, de l'Europe à l'Asie mineure, jusqu'à la Terre sainte. La frontière suggérée sur la carte est celle qui sépare le rêve de l'éveil, quand l'esprit s'élève à l'appel de la trompette de l'ange Gabriel.

La bannière évoque également Mars, dont le devoir premier, à l'instar des Templiers, était de protéger l'adyton, le lieu le plus secret et le plus sacré des temples grecs.

La référence à Mars se fait par le biais du carré magique de Mars, qui est de 5 par 5. La croix divise la bannière en quatre quadrants. La proportion des quadrants par rapport aux bras de la croix est de deux pour un. Chaque quadrant est composé de quatre petits carrés, chaque bras de la croix de deux petits carrés, et le centre de la croix d'un petit carré. Quatre quadrants de quatre carrés font seize carrés. Les quatre bras de la croix font deux carrés chacun, plus le carré central, soit neuf carrés. La bannière se compose donc de vingt-cinq carrés – soit cinq par cinq, le carré magique de Mars.

*

La bannière de la Mort attire votre attention sur une promesse de renaissance, le commencement qui suit toute fin.

La bannière du Soleil vous rappelle que le soleil est le commencement et la source du pouvoir de tout ce qui relève du monde physique.

La bannière du Jugement s'engage à protéger tout esprit qui entame son voyage vers l'éveil.

Exercice de la bannière

Une bannière a vocation à concentrer, inspirer, responsabiliser et guider, tout cela par le simple flottement d'un symbole dans le ciel, à la vue de tous. L'exercice expérimental de cette partie est simple : vous allez créer un symbole qui exprime votre identité, concentre votre attention et vous donne de l'inspiration pour passer à l'action. Ce sera votre symbole à vous, pour votre bannière à vous.

Inutile de créer un symbole abouti d'emblée : continuez à le travailler jusqu'à ce qu'il vous satisfasse. Je vous promets que vos efforts seront récompensés.

Dessinez ici votre bannière.

ANCRAGE DES NOTIONS

Bienvenue dans l'ancrage des notions abordées dans ce chapitre consacré aux chevaux, aux soleils et aux bannières. Ces symboles figurent sur treize cartes :

Les quatre Cavaliers

Le 6 de Bâtons

Le Fou

L'Hiérophante

Les Amoureux

Le Chariot

La Mort

La Tempérance

Le Soleil

Le Jugement

Le but de l'ancrage est de vous remettre en mémoire les aspects importants des symboles abordés dans les parties précédentes et la manière dont ces aspects s'incarnent dans chaque carte. Ce rappel est utile dans la mesure où peu de personnes parviennent à se souvenir, et moins encore à mettre en pratique, la masse d'informations et d'expériences transmises par écrit.

Nous allons donc réduire cette masse à quelques points importants que vous pourrez extraire de votre mémoire dès que vous en aurez envie ou besoin. Nous ferons ensuite quelques exercices pour vérifier si les informations ont bien été intégrées.

Commençons par récapituler les principaux aspects des chevaux, des soleils et des bannières. Nous pointerons ensuite ce dont il est important de se rappeler quand un de ces symboles apparaît dans un tirage.

Les chevaux

Dans le tarot, un cheval est toujours monté par un Cavalier : ils forment un tout. Tantôt le Cavalier indique à son cheval la route à suivre, tantôt il s'en remet à la connaissance et à l'instinct de sa monture. Dans le monde des morts comme dans les paysages psychologiques ou spirituels, le cheval sait quoi faire et mène son Cavalier à destination.

Dans le monde de l'ordinaire, en revanche, dans le monde de nos considérations terrestres, le Cavalier sait où il va et comment s'y rendre. Dans ce cas-là, c'est lui qui guide son cheval.

Quoi qu'il en soit, l'apparition d'un cheval et d'un Cavalier dans un tirage indique qu'un événement ou un chapitre important de la vie du requérant est en train de rentrer dans l'ordre de lui-même.

Il est important également de se rappeler que le cheval transmet ses vertus à son Cavalier. Pureté, noblesse, énergie, héroïsme, rayonnement, certitude et sacré s'expriment en premier lieu par la nature du cheval.

Les soleils

La grande leçon véhiculée par un soleil, quel qu'il soit, est : vie, potentiel et pouvoir. Le soleil n'est autre que le pouvoir inhérent à toutes les formes de la nature, c'est-à-dire le pouvoir d'être et d'agir. Le soleil existe au-dedans et au-dehors de tout, à la fois dans le monde physique et dans la conscience. Il est la source de l'existence physique et psychologique, il est la force qui guide l'enthousiasme, l'optimisme, la volonté de continuer. Le soleil agit ainsi sur toute chose, du rocher à l'être humain.

Le soleil symbolise également la moitié de ce qui est, le règne du jour et de tout ce qui est associé à la lumière. Son apparition nous rappelle l'existence de la nuit et des ténèbres dans lesquelles est plongée l'autre moitié du monde, et qui nous parviendront le temps venu.

Le soleil et la lune, le jour et la nuit, la lumière et l'obscurité, la projection et la création : chacun succède à l'autre, devient l'autre.

C'est ce que décrit le symbole chinois du yin et du yang. C'est aussi la leçon première de la lemniscate, symbole d'éternité et cousine occidentale du yin et du yang.

Les bannières

L'objectif premier d'une bannière est de proclamer une identité, de décrire un individu – qui il est, ce qu'il est – d'une façon que nul ne peut manquer ou ignorer. Les bannières concentrent les esprits, rallient les énergies dispersées, attirent l'attention, inspirent, donnent de la force et guident.

« Me voici ! » proclame la bannière. « Rejoignez-moi ! Suivez-moi ! Protégez-moi ! Honorez-moi ! »

Lever une bannière revient à faire et dire tout cela.

*

Voilà les principaux sens et thèmes des chevaux, des soleils et des bannières dans le tarot. Leur mise en application va dépendre des cartes sur lesquelles ils apparaissent. Et rien ne vaut la pratique pour réviser ces notions et les ancrer en vous ! C'est donc ce que nous allons faire, en procédant à un tirage à partir des treize cartes concernées.

TIRAGE : LE VOYAGE DU CAVALIER

Ce tirage repose sur les symboles étudiés dans ce chapitre. Il est particulièrement inhabituel, dans la mesure où on ne tire qu'une seule carte qu'on étudie ensuite selon trois perspectives distinctes. Subtil mais puissant, ce tirage gagne à être associé à la contemplation.

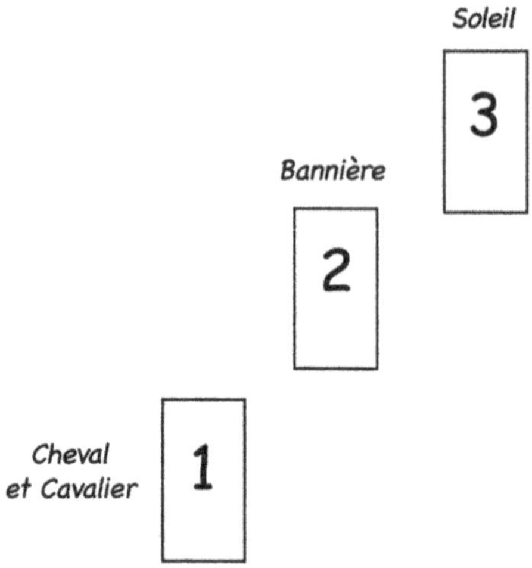

Le voyage du Cavalier est avant tout un tirage personnel. Son objectif est de vous suggérer une nouvelle manière d'approcher une difficulté dans votre vie, qui gagnerait à être envisagée d'un œil neuf.

Il est possible de pratiquer ce tirage pour un requérant – vous êtes alors facilitateur plus que cartomancien au sens traditionnel du terme. Cela ne veut pas dire que le tirage ne vous donnera aucune information à transmettre au requérant, mais que les révélations seront bien plus profondes si elles découlent de l'expérience et des perceptions de ce dernier.

Visuellement, ce tirage consiste en un cheval et son Cavalier (formant un tout). Le Cavalier porte une bannière et l'agite à la lumière du soleil.

Procédé

Ce tirage se distingue également par la manière dont la carte est tirée. Vous avez deux possibilités :

1. Parcourir le paquet de cartes jusqu'à ce que l'une d'elles retienne votre attention.
2. Sans regarder les cartes, choisir la première qui vous vient à l'esprit.

Les deux méthodes sont justes. Il s'agit de choisir une carte en conscience, et non d'en sélectionner une au hasard. Peu importe pourquoi cette carte retient votre attention ou vous vient à l'esprit – vous n'avez pas besoin de le savoir à l'avance.

Une fois votre carte choisie, placez-la sur la table devant vous, face visible, dans la position n°1. Après l'avoir contemplée et interprétée selon la perspective du cheval et du Cavalier, déplacez-la en position n°2 et interprétez cette même carte du point de vue de la bannière. Bien que la carte ne change pas, la nature de son message est différente. Enfin, déplacez la carte en n°3, et réinterprétez-la du point de vue du soleil.

Le cheval et le Cavalier

Dans la position n°1, votre carte décrit le paysage énergétique que vous traversez et les ressources à votre disposition. Le cheval et le Cavalier symbolisent ce qui se passe en ce moment dans votre vie, maintenant et dans un futur immédiat.

Le cheval vous propose un chemin à suivre – différent, peut-être, de celui que vous suivez actuellement. Si votre carte était un vrai cheval, de quel type de cheval s'agirait-il ? À quelle allure aime-t-il avancer ? Et vous, en tant que Cavalier, souhaitez-vous garder le contrôle ou êtes-vous satisfait d'aller là où le cheval vous mène ?

Cette carte est une ressource. Elle vous permet de transformer votre énergie actuelle en une énergie qui vous semble préférable. Si vous êtes dans une situation inextricable et que vous avez besoin d'une nouvelle approche : cette carte vous la révèle. À vous de voir si vous choisissez de la suivre ou non.

La bannière

Quand la carte devient bannière, elle devient le symbole de votre identité idéale : vous pouvez officiellement la proclamer dès maintenant si vous le souhaitez.

La bannière symbolise un principe organisateur. Vous pouvez utiliser l'idée exprimée par votre bannière pour rassembler votre énergie, concentrer vos efforts, trouver l'inspiration et enfin avancer vers la destination souhaitée.

En levant votre bannière, vous vous donnez la permission de l'incarner, quelle qu'elle soit.

Le soleil

Dans la position du soleil, la carte décrit l'énergie qui saura vous aider dans votre voyage. Elle vous donne la force et le pouvoir dont vous avez besoin pour avancer et continuer votre route.

La carte vous montre la manière dont vous pouvez pleinement réagir en cet instant. Elle décrit ce qui peut vous apporter de la joie et du plaisir dans l'action.

*

Ce tirage ne vous impose pas d'aller dans une certaine direction, il ne prédit pas non plus que vous le ferez. Il vous donne une option. Une seule carte étant tirée, vous pouvez exposer la carte quelque part chez vous ou vous la remémorer chaque fois que vous souhaitez invoquer l'énergie du tirage.

Chaque fois que vous vous sentez coincé, puisse le voyage du Cavalier vous aider à aller de l'avant !

CHAPITRE 5

Armures, bandeaux et plumes

LES ARMURES

Bienvenue dans cette section dédiée au symbolisme de l'armure dans le tarot. Les armures apparaissent sur huit cartes : l'Empereur, le Chariot, la Mort, les quatre Cavaliers et le Roi de Pentacles. Comme dans le cas des autres symboles étudiés, l'image de l'armure possède une signification générale chargée d'histoire et des variantes particulières selon les cartes.

Chacun des symboles que nous abordons dans ces pages semble chargé d'histoire et de sens. Nous avons précédemment étudié les couronnes, les colonnes, les chemins et les carrefours, les soleils, les lunes et les étoiles. Nous nous sommes penchés sur les roses et les lys, les montagnes, les chevaux, les bannières et les bassins. Chacun de ces détails est, en soi, un petit bijou de symbolisme. Ensemble, ils composent un trésor si riche qu'il est difficile à embrasser tout entier.

Le symbole de l'armure vient s'ajouter à ce trésor. Dans notre propos, trois choses sont à retenir :

1. L'armure est indissociable des armes et de la guerre.
2. Une armure peut être à la fois pratique et esthétique.
3. Les armures sont aussi vieilles que la guerre et existent encore aujourd'hui – et, au vu des recherches actuelles et de la science-fiction, elles ne sont pas près de disparaître.

L'armure était une façon pour le guerrier de se protéger des armes létales et de leurs blessures redoutables. Pour survivre à une bataille, il lui fallait une protection solide – et, pour survivre à plusieurs batailles, une protection plus que solide. Pour le guerrier comme pour le soldat, une bonne armure faisait (et fait toujours) la différence entre une blessure mineure et un membre estropié, entre la vie et la mort.

L'armure, plus que les armes, évoque le soldat ou le guerrier. N'importe quel voyageur, chasseur ou bandit peut avoir et utiliser une arme, alors que l'armure est un investissement à long terme que font ceux qui fréquentent les champs de bataille.

Les armures ont toujours coûté cher. Même un bout d'armure coûtait plus cher que ce qu'un homme pauvre pouvait se permettre. Un bon casque ou bouclier, soit la plus basique des armures, nécessitait un grand savoir-faire et des matériaux coûteux. Les cuirasses et les cottes de mailles étaient des œuvres d'art, composées de dizaines à des centaines de pièces réalisées sur mesure – des objets véritablement techniques. Et ça n'était pas tout! Il fallait aussi protéger le cheval, ce qui faisait encore monter la note.

Mais ce n'était que le début. Si le guerrier était bon, il finissait par devenir un héros ou un aristocrate – voire les deux. Il devait parfois s'afficher en tenue d'apparat: une armure de cérémonie aux finitions particulières, gravée et embellie de métaux précieux. C'était un signe de richesse, de statut, de pouvoir.

Cela fut vrai partout, de la Chine à l'Amérique du Sud, du monde arabe au Japon, des steppes d'Asie aux capitales d'Europe. Et ce fut vrai longtemps. Aujourd'hui, les armures d'apparat ont disparu et les armures fonctionnelles appartiennent au gouvernement. Mais, de tout temps et en tout lieu, l'armure fut le symbole du combattant qui se mettait en danger, encore et toujours.

Quoi qu'on pense de la guerre, et de la violence en général, elle semble avoir existé toujours et partout, ce qui laisse à penser que le désordre organisé caractérise l'humanité. Au cœur de la brutalité, de la cruauté, de l'atrocité, au cœur de toutes les horreurs et conséquences de la guerre, les guerriers et soldats en armure ont développé un certain nombre de qualités et de compétences, et même une spiritualité qui leur est propre.

L'armure, plus encore que les armes, symbolise ce qu'il y a d'excellent et de noble chez ces combattants. Cela n'est pas moins vrai des policiers et militaires modernes dans leurs gilets pare-balles que des légionnaires romains, des samouraïs et des chevaliers européens dans leurs cottes de mailles et leurs plastrons.

L'armure était et reste la seconde peau du guerrier, qu'il enfile pour se battre à la vie à la mort. Elle symbolise aux yeux de tous son acceptation de ce combat ultime.

Ce qui nous amène à une version moderne de l'armure, symbole non plus militaire, mais psychologique. L'armure est le nom donné à un réflexe inconscient d'autoprotection qui nous préserve de dangers essentiellement imaginaires. Une sorte de gilet pare-balles portée nuit et jour par peur d'être agressé. Cette armure, construction interne et inconsciente, découle de la peur et d'une impression de vulnérabilité permanente.

Quelle qu'elle soit, l'armure est un mécanisme de défense. Dans son acceptation première, physique, elle symbolise la conscience et le courage. Dans sa forme psychologique, elle est synonyme d'un dysfonctionnement interne inconscient.

Quand vous repérez une armure dans un tirage, vous devez donc vous demander si elle est signe de force ou de faiblesse. Passons pour cela en revue les cartes sur lesquelles elle apparaît.

Les Cavaliers

Les quatre Cavaliers présentent plusieurs points communs. Tous portent une armure – qui est l'emblème le plus évident du cavalier, ce qui le distingue des autres. Elle symbolise son devoir envers le peuple, son rang, les qualités et les compétences de sa vocation, sa spiritualité, son appartenance à la communauté des Cavaliers.

Cette armure est fonctionnelle plus que cérémoniale : elle sert à protéger et non à parader. Chaque Cavalier porte une armure de plates intégrale, la dernière et la plus évoluée des armures européennes : casque, cuirasse, épaulières, jambières et solerets. S'ajoutent à cela des éperons aux pieds, une plume sur la tête et une tunique brodée qui permet de les identifier. Aucun n'a de bouclier.

Le Cavalier de Bâtons et le Cavalier de Pentacles ont les deux mains gantées. Le Cavalier d'Épées a une main gantée et l'autre nue, tandis que le Cavalier de Coupes a les deux mains nues. Les gants, ou gantelets, protègent les mains, mais rendent les gestes malhabiles. Les mains nues sont plus vulnérables, mais aussi plus agiles et plus sensibles. Le Cavalier d'Épées tient son épée dans sa main nue, ce qui laisse supposer qu'il l'utilise avec adresse et rapidité. Les mains nues du Cavalier de Coupes sont indispensables à cet amant et guerrier du cœur.

CAVALIER DE COUPES

La visière du casque du Cavalier d'Épées est relevée. C'est lui dont le visage est le plus visible et le moins protégé des quatre, bien qu'il se lance tête baissée dans la bataille – signe qu'il est pur, il est l'air absolu, transparent et abstrait.

Le casque du Cavalier de Bâtons est le plus enveloppant, le plus protecteur. Lui aussi est un Cavalier pur, feu absolu. Ce fier guerrier lance sa force ardente dans un monde ardent : le casque le protège de sa propre nature.

Roi de Pentacles

Le soleret au pied du Roi de Pentacles laisse deviner l'armure intégrale dissimulée sous ses robes. On entrevoit ainsi un individu qui, en dépit de son opulence apparente, se met au service de son peuple et se porte garant du bien-être de son royaume.

ROI DE PENTACLES

L'Empereur

L'attribution astrologique de l'Empereur est le Bélier. Son armure, dont on ne devine que la partie inférieure, fait référence au dieu de la guerre et rappelle que l'Empereur est lui aussi un guerrier.

Le Chariot

L'armure fait ici référence à la coquille du crabe qui symbolise le Cancer, attribution astrologique du Chariot. La carte tout entière évoque le symbolique de la Merkaba, le char divin dans la vision prophétique d'Ézéchiel. Cette armure est donc plus cérémoniale que pratique.

Le plastron rappelle le signe des Poissons, la jupe plissée noire, les eaux profondes du Scorpion, et les épaulières en forme de lune, la Grande Prêtresse, source de toutes les eaux.

Le carré étincelant au centre du plastron symbolise les quatre mondes de la Kabbale auxquels le Chariot apporte le bien du monde d'en haut vers le monde d'en bas, et réciproquement. Il s'agit d'une référence au titre ésotérique de la carte, « House of Influence ».

La Mort

LA MORT

L'armure de la Mort, quoique intégrale, est purement cérémoniale : ce Cavalier n'a, à l'évidence, nul besoin de protection. Elle symbolise celui dont la seule raison d'être est de servir, puisqu'elle ne recouvre que des os, une existence désincarnée sans ambition personnelle. Nul n'est davantage au service du peuple que la Mort : son armure symbolise donc le service parfait.

Cette armure noire est aussi le symbole de la carapace protectrice du Scorpion, en référence à l'attribution astrologique de la carte.

CONTEMPLATION DU SYMBOLE DE L'ARMURE

Voici venu le moment d'essayer un petit exercice de contemplation.

Fermez les yeux. Respirez. Détendez-vous.

Enveloppez-vous dans l'obscurité.

Laissez vos pensées, vos désirs, vos émotions et vos sensations se fondre dans le noir.

Faites le vide, tout en restant parfaitement conscient.

Maintenant, regardez en vous. Redécouvrez vos contours dans toute leur complexité, aussi étincelants qu'une pierre précieuse dans la nuit.

Entrez, tel un témoin, dans votre propre complétude.

Posez-vous la question suivante :

Est-ce que je porte une armure, que ce soit celle d'un guerrier au service des autres ou d'un individu qui se défend ?

Attendez qu'une réponse émerge de l'obscurité.

De nouveau, laissez vos contours se dissoudre dans le noir qui vous entoure.

Il est temps de revenir. Respirez profondément deux fois puis quand vous vous sentez prêt, ouvrez les yeux, tout en restant dans cet état méditatif.

Prenez quelques minutes pour coucher sur le papier la réponse à votre contemplation.

LES BANDEAUX

Bienvenue dans cette partie dédiée aux bandeaux, et donc aux yeux bandés, dans le tarot. Deux cartes sont ici concernées : le 2 d'Épées et le 8 d'Épées. Chacune illustre un principe extrêmement important et subtil que nous allons détailler.

Le bandeau crée une cécité temporaire : il symbolise la cécité et l'obscurité de manière générale. Il a deux grandes fonctions :

1. Il empêche de fonctionner normalement dans un monde où il est nécessaire de voir.
2. Il bloque les distractions du monde visible.

Dans le tarot, les deux personnages aux yeux bandés reflètent chacun l'une de ces fonctions.

Les implications du bandeau sont les mêmes dans les mondes littéraire, mythologique et réel.

- La Justice et la Fortune ont les yeux bandés pour éviter de favoriser certaines personnes en raison de leur apparence.
- Les ravisseurs bandent les yeux de leurs otages pour les désorienter et les empêcher de voir où et avec qui ils sont.
- Les enfants se bandent les yeux pour jouer par exemple au jeu de la queue de l'âne, ce qui les force à utiliser leurs autres sens et transforme une tâche simple en tâche difficile, imprévisible et drôle.
- À colin-maillard, les adultes font de même pour provoquer des moments érotiques et drôles avec des étrangers, libérés des convenances et de l'embarras.

- On bande les yeux des individus sur le point d'être exécutés pour leur épargner la peur de connaître l'instant de leur mort.
- Ceux que la lumière empêche de dormir se mettent un bandeau sur les yeux pour s'envelopper d'une obscurité confortable.

Le bandeau crée donc concentration et désorientation, connaissance et ignorance, peur et absence de peur, liberté et contrainte, obscurité et lumière. On pourrait dire que le bandeau rehausse un état physique, mental, émotionnel ou spirituel – ou facilite sa quête.

Le bandeau crée une cécité physique immédiate, ce qui peut engendrer soit la lumière, soit l'obscurité intérieure. Il permet de faire ressortir un mot, une idée, une émotion, une action, un souvenir, un talent ou une prédisposition.

Quand le bandeau est psychologique, il permet de concentrer, de filtrer, de donner une perspective préexistante à un contact immédiat avec le monde, d'assombrir ou de mettre en lumière la réalité, de lui ajouter ou de lui retirer des caractéristiques, de donner du sens aux faits ou encore de faire de la réalité un symbole puis de la transformer.

Cette transformation peut se vivre de l'intérieur ou de l'extérieur, elle peut être vécue positivement ou négativement. Il peut s'agir d'une transformation à effectuer ou à défaire. Le bandeau du 2 d'Épées relève du premier cas : la transformation s'opère à l'intérieur, elle est positive et recherchée. Celle du 8 d'Épées relève du second cas : elle est extérieure, négative, elle est à défaire. Nous en reparlerons plus tard.

EXERCICE DU BANDEAU

Fermez les yeux et couvrez-les d'une main. Imaginez qu'une force extérieure vient de vous bander les yeux : impossible de retirer votre main et de les ouvrir. Le bandeau restera en place jusqu'à ce que celui qui l'a placé, qui qu'il soit, le retire. Cette obscurité, bien que temporaire, n'est pas de votre fait : elle vous est imposée. Soyez bien conscient que la main qui vous cache les yeux, même si c'est la vôtre, ne pourra être enlevée avant la fin de l'exercice.

Restez quelques instants dans cette conscience. Gardez votre main en place quelques minutes encore. Puis encore un peu. Enfin, quand vous vous sentez prêt, prenez une profonde inspiration et ouvrez les yeux.

Prenez une autre inspiration et quand vous êtes prêt, retirez le bandeau et recouvrez la vue.

Prenez le temps d'écrire les pensées et les émotions qui vous ont traversé pendant que vous aviez les yeux bandés.

Questionnaire de caractérisation

Voici un petit questionnaire que nous vous soumettons. Écrivez chaque paire de mots de la liste suivante. Choisissez ce à quoi vous associez chaque mot : lumière ou obscurité. Inscrivez à côté la lettre L pour lumière, ou O pour obscurité. La liste compte vingt-six mots et treize paires.

Conscient ________
Inconscient ________

En souffrance ________
Satisfait ________

Solide ________
Immatériel ________

Actif ________
Immobile ________

Masculin ________
Féminin ________

Esprit ________
Cœur ________

Spécial ________
Ordinaire ________

Émergent ________
Récurrent ________

Corps ________
Esprit ________

Évident ________
Mystérieux ________

Liberté ______	Visible ______
Abandon ______	Caché ______

Familier ______

Inconnu ______

Nous avons choisi ces mots parce qu'ils sont importants pour nous. Vous pouvez créer votre propre liste et faire l'exercice de la même manière.

Nous avons catégorisé tous les mots de la liste selon que nous les associions à la lumière ou à l'obscurité. Cette catégorisation rend chaque mot plus riche, plus intime.

Toutefois, la lumière peut être perçue comme positive ou négative, intérieure ou extérieure, évidente ou mystérieuse, solide ou immatérielle, et ainsi de suite, selon le contexte et le tempérament de chacun. On peut en dire autant de l'obscurité. Et ce qu'on associe aujourd'hui à la lumière, nous l'associerons demain peut-être à l'obscurité.

Revenons à notre liste et prenons le temps de l'enrichir. Reprenez chaque mot et décidez si la lumière ou l'obscurité que vous y avez associée vient de l'intérieur ou de l'extérieur. Notez I dans le premier cas, E dans le second.

Décidez ensuite si le mot dégage une impression positive ou négative. Signalez-la par un signe + ou – à côté de la lettre précédente. Pour Wald, par exemple, le terme « en souffrance » est associé à une obscurité extérieure et négative. Le mot « masculin », lui, est lié à une obscurité intérieure et positive.

Comme vous pouvez le voir, chaque mot de cette liste commence à s'imprégner de votre propre expérience. Sa richesse est doublée, triplée, décuplée. Le mot devient un bandeau sur vos yeux: vous en rendez-vous compte?

De la même manière, les souvenirs, les émotions et tout ce dont nous avons déjà parlé deviennent des bandeaux. Un bandeau transforme le général en personnel, l'objectif en subjectif.

Il est temps maintenant de nous pencher sur les cartes. Chacune véhicule un biais et une intention tournée dans une direction.

Le 2 d'Épées

Le 2 d'Épées regarde vers l'intérieur, vers l'esprit, vers le mystérieux, l'invisible, l'immatériel. Le bandeau lui permet d'éviter les distractions. Le titre ésotérique de cette carte est *Lord of Peace Restored.* Tous les 2 incarnent la sagesse de leur suite. Ici, le bandeau n'est pas temporaire : c'est un symbole permanent de paix et de sagesse.

Le 8 d'Épées

On pressent, intuitivement, que pour le personnage de cette carte l'obscurité est une ignorance, une contrainte extérieure manifeste, une limite physique immédiate. Or, le bandeau du 8 d'Épées est aussi un symbole d'optimisme, il est l'obscurité qui précède la lumière de l'initiation. Le personnage accepte d'être ligoté, dupé et porté au seuil d'un état supérieur.

Le 8 d'Épées a pour titre ésotérique *Lord of Shortened Force.* Tous les 8 incarnent le génie de leur suite. Ici, le bandeau indique un état temporaire mais récurrent, dans la mesure où le processus d'initiation est continu. La lumière de la compréhension est l'obscurité qui précède l'initiation à un état supérieur. Pour quiconque avance sur le chemin de la transformation personnelle, le bandeau est un aspect constant – et constamment changeant – de la vie.

*

Quand vous pratiquez la divination, mieux vaut avoir une idée de l'état intérieur du requérant. Où en est votre requérant, ou bien où en êtes-vous vous-même si vous tirez les cartes pour vous, dans le cycle des naissances et des renaissances, de l'émergence et du retour ?

Si vous le savez, vous saurez si le bandeau symbolise une obscurité ordinaire ou particulière, s'il est signe de confusion et de contrainte ou de libération, si le requérant avance sur sa voie ou s'il patauge.

L'image du bandeau vient tester votre propre capacité à y voir clair…

LES PLUMES

Bienvenue dans cette section consacrée aux plumes. En temps normal, je vous indiquerais dès maintenant combien et quelles cartes comportent des plumes… or, ce n'est pas chose facile. Il est parfois difficile d'affirmer que tel ou tel détail correspond à une plume. En outre, plusieurs cartes contiennent des détails qui ne sont pas des plumes, mais qui y ressemblent grandement.

La première chose que je vous demande donc de faire est de parcourir vos cartes attentivement et d'isoler celles qui, à votre avis, comportent des plumes. Nous en ferons ensuite la liste pour aboutir à un consensus des cartes utilisées dans cette partie.

Voici la liste des cartes avec lesquelles nous travaillerons :

Trois Cavaliers

Cavalier de Bâtons

Cavalier d'Épées

Cavalier de Coupes

Trois anges

Raphaël, sur la carte des Amoureux

Michel, sur la carte de la Tempérance

Gabriel, sur la carte du Jugement

Autres

Le Fou

Le Chariot

La Roue de la Fortune

La Mort

Le Soleil

Le Valet de Bâtons

Ces douze cartes contiennent, de manière officielle et flagrante, l'image de la plume. Nous aborderons ces cartes par catégorie et individuellement : vous aurez ainsi de nombreuses informations à partir desquelles réfléchir et travailler.

Commençons par parler des plumes en général.

Premièrement, les plumes ont bien sûr un intérêt pratique. En éventail, elles nous permettent de nous rafraîchir. En duvet, dans les manteaux, les gilets, les édredons et les oreillers, elles nous tiennent chaud. Au bout des flèches des guerriers et des chasseurs, elles prêtent au projectile sa qualité première, à savoir un vol sûr et stable. Elles ont permis à la civilisation occidentale d'écrire à l'encre des milliers d'années d'histoire. En tant qu'ornement, ce sont sans doute les premières et les plus pérennes des accessoires humains.

Les éléments à retenir ici sont le froid, le chaud, la douceur, la légèreté, le vide, le vol et la beauté.

L'autre grande fonction des plumes est d'être, ou d'agrémenter, des objets rituels. Dans un rituel, une plume apporte les qualités magiques des oiseaux en général et de celui dont elle provient en particulier. Les coutumes et le symbolisme magiques des oiseaux sont un sujet en soi qui nécessiterait son propre chapitre, nous n'en ferons donc ici que brièvement mention. Retenez seulement que les plumes d'aigle, de corbeau, de paon, de perroquet et de faisan évoquent chez tout le monde un sentiment instinctif de puissance et de mystère.

Les oiseaux, et donc les plumes, symbolisent l'envol qui donne accès aux royaumes supérieurs, qu'il s'agisse du monde chamanique des esprits ou du paradis des religions occidentales.

Dans toutes les tribus du monde, les plumes sont offertes en gage d'amitié, portées en guise de couronne et de symbole distinctif; elles président aux fumigations purificatrices, guident la myriade d'esprits qui flottent dans les airs et donnent leur puissance aux rituels magiques.

La troisième fonction des plumes est d'augmenter la puissance magique des oiseaux et de la transférer aux êtres mythiques et mystiques. Le serpent à plumes Quetzalcoatl, divinité suprême des Aztèques, Pégase, le mythique cheval ailé de la mythologie grecque, la plume de Maât, avec laquelle la déesse égyptienne mesure la pureté des âmes humaines, les ailes des anges qui vont et viennent du paradis à la Terre – chaque fois, la plume se fait symbole d'une divinité.

La chose à retenir ici est le lien entre la plume et les divinités, ces êtres des royaumes supérieurs qu'on ne peut atteindre qu'en volant.

Passons enfin au tarot. Tous les aspects précédemment évoqués sont utiles à la divination puisqu'ils peuvent surgir dans un tirage de façon complètement intuitive, bien qu'ils ne soient pas spécifiques au tarot. Vous aurez l'occasion de les pratiquer plus tard, aussi mémorisez bien tout ce dont nous avons parlé jusqu'à présent.

Dans le tarot, les plumes se rattachent à deux choses, deux éléments : le feu et l'air.

À l'air, parce que l'air est le seul environnement propice au vol. Au feu, parce que les confins supérieurs de l'air touchent les confins inférieurs du monde du feu, l'élément le plus proche du Divin et du Soi supérieur. C'est sur des ailes que l'esprit humain s'élève jusqu'au feu divin.

Voyons maintenant les cartes elles-mêmes.

Le Jugement, la Tempérance et les Amoureux

Sur chacune de ces trois cartes, un archange déploie ses ailes à proximité d'une source de feu, d'où leur couleur flamboyante. Elles sont rouges en haut et tirent vers le violet en bas, preuve de l'intensité du refroidissement à mesure qu'on s'éloigne du feu.

Le Jugement

Les ailes de l'ange du Jugement font référence à la Kabbale. Sur l'Arbre de Vie, le chemin du Jugement est celui de l'élément feu. C'est le chemin de l'esprit qui s'éveille, qui entame son voyage vers la connaissance de soi. À mesure que cet esprit s'élève, le feu du chemin devient de plus en plus chaud, aussi les ailes de l'archange Gabriel deviennent-elles de plus en plus rouges. L'élévation de l'esprit va en s'intensifiant.

La Tempérance

Là encore, la référence est kabbalistique. La Tempérance représente le chemin qui mène directement de la sphère de Tiphereth (la Beauté) vers le centre de l'Arbre de Vie. L'archange Michel déploie ses ailes autour du soleil, symbolisé par les rayons qui entourent le disque placé sur son front. Les ailes font écran au soleil : de cette manière, sa lumière et sa chaleur peuvent atteindre et transformer sans le brûler quiconque est parvenu jusqu'ici.

Les Amoureux

LES AMOUREUX

Sur la carte des Amoureux, les ailes de l'archange Raphaël protègent l'être humain de l'insupportable brasier de l'énergie divine. Ce sont elles qui lui permettent de s'avancer nu devant Dieu. Sur l'Arbre de Vie, le chemin des Amoureux dépasse la spiritualité de Tiphereth. C'est l'un des cinq chemins qui nous permet d'accéder à ce qu'il y a de parfait en nous.

*

Sur toutes ces cartes, les plumes des ailes symbolisent la transcendance, ainsi qu'une forme de protection qui permet de survivre à la chaleur du voyage retour.

Le Chariot, la Roue de la Fortune et le Cavalier de Coupes

Les ailes de ces trois cartes symbolisent l'air, la pureté et l'élévation. Elles permettent à l'esprit et au cœur de prendre leur envol.

LE CHARIOT

Le Chariot

Le disque solaire ailé du Chariot symbolise le dieu du soleil égyptien s'élevant chaque matin dans le ciel sur les ailes d'Horus, le dieu faucon. Il est le signe d'une intelligence supérieure et de la capacité de l'âme à survoler les abysses – que le chemin du Chariot franchit dans ses allées et venues entre le monde d'en haut et le monde d'en bas.

La Roue de la Fortune

Les plumes, associées aux livres que tiennent les créatures des quatre coins de la carte, évoquent les quatre évangiles du christianisme.

LA ROUE DE LA FORTUNE

Cavalier de Coupes

Toutes les figures sont associées à deux éléments. Les Cavaliers sont associés au feu et à l'air – le feu pendant le voyage de l'émergence, l'air pendant le voyage retour. Les ailes du Cavalier de Coupes évoquent l'air.

Ce Cavalier étant généralement interprété comme un amant, les ailes qu'il arbore à la tête et aux pieds font également référence à Mercure, un dieu à la libido notoire, et à son enfant ailé, Cupidon.

CAVALIER DE COUPES

Les Cavaliers de Bâtons et d'Épées

Sur ces deux cartes, les plumes rouges sont des ailes de feu. Elles nous rappellent que le rang de Cavalier est associé à l'élément feu du voyage de l'émergence.

Cavalier de Bâtons

La carte figure un Cavalier de feu en costume de feu : l'élément lui est doublement attribué, ainsi que le confirment tous les autres détails de l'image exclusivement liés au feu, comme les salamandres ou encore le désert en arrière-plan.

CAVALIER DE BÂTONS

Cavalier d'Épées

L'illustration de cette carte combine le feu, associé aux Cavaliers, et l'air, associé à la suite d'Épées. Dans le Rider-Waite-Smith, ce Cavalier est le feu de l'air. Le feu transparaît dans la plume flamboyante de son casque, la forme de flamme dessinée par sa cape et la crinière de feu de son cheval. L'air, lui, est figuré par les oiseaux dans le ciel et le vent qui couche les arbres et souffle les nuages.

CAVALIER D'ÉPÉES

Le Valet de Bâtons

Comme toutes les figures, le Valet est associé à deux éléments : à l'eau pendant le voyage de l'émergence, et à la terre pendant le voyage retour. La plume incandescente sur la coiffe de métal du Valet de Bâtons est une référence à sa nature de terre du feu.

*

Ce qu'il faut retenir des plumes sur les cartes des figures est qu'elles symbolisent avec force les éléments.

Le Fou, le Soleil et la Mort

Les plumes rouges du Fou et du Soleil sont des plumes de feu qui relient le sommet de la tête au soleil et servent de conduit au feu divin lorsqu'il descend sur Terre. La plume de la Mort, elle, est flétrie, privée du soleil qui éclaire la Terre des vivants. Le feu du soleil se propage sur la terre des morts avec une intensité amoindrie. Tout pâle et faible qu'il soit, le soleil parvient à se frayer un chemin jusqu'au royaume de la Mort et se lève chaque matin, neuf, dans toute sa gloire originelle.

EXERCICE DE TIRAGE INTUITIF

À vous maintenant de mettre ces informations en application avec une technique appelée la Voix de la carte.

Commencez par prendre les douze cartes concernées par les plumes et battez-les face cachée.

Choisissez-en quatre et placez-les devant vous, face visible.

Regardez à présent les plumes de chaque carte. Laissez votre regard passer de l'une à l'autre, jusqu'à ce qu'une plume retienne votre attention. Retournez les trois autres cartes face contre table et concentrez-vous sur cette carte.

Ignorez complètement la signification générale de la carte, concentrez-vous uniquement sur la plume. Laissez tout le reste de côté. Même si cela vous est difficile, faites cet effort. Cette plume a un message pour vous. Ce message peut être de tout type – pratique, psychologique ou spirituel. Écoutez-le calmement, sans vous précipiter.

Laisse-le venir à vous de l'intérieur.

Quand vous avez entendu le message, écrivez-le.

ANCRAGE DES NOTIONS

Bienvenue dans cet ancrage portant sur les armures, les yeux bandés et les plumes. Avez-vous à portée de main vos notes sur les parties qui leur ont été consacrés ? Vous allez les utiliser sous peu, je vous expliquerai comment d'ici quelques minutes.

L'heure est venue de vous révéler comment et pourquoi nous avons constitué nos séries de trois symboles – couronnes, colonnes, roses et lys ; chemins, montagnes et croix ; étoiles, lunes et bassins ; chevaux, bannières et soleils et pour ce chapitre : armures, bandeaux et plumes.

Pour chaque série, l'ancrage révèle un dénominateur commun, un lien profond qui unit des symboles sans rapport apparent. Cette union est un peu magique. Et si le lien paraît logique après coup, c'est uniquement parce que la magie a opéré.

À vrai dire, dans chaque cas, nous n'avions aucune idée préalable de ce que serait ce lien ! Les groupes de trois images se sont présentés à nous quand nous en avions besoin : il nous fallait garder la foi que, en fin de compte, le tout formerait un ensemble cohérent.

Nous n'avons découvert ce fonctionnement que peu de temps avant vous. La magie finale opère lorsque nous commençons à préparer l'ancrage des notions d'une série. Il en fut pour celle-ci comme pour les précédentes.

Cette fois-ci toutefois, nous allons vous associer au processus. Pour véritablement ancrer en vous toutes les notions de ce chapitre, nous vous proposons de relever un défi en deux parties.

Commencez par regarder vos cartes afin d'isoler toutes celles étudiées dans les trois parties de cette série – armures, bandeaux, plumes. Nous ne les repréciserons pas ici.

Si vous avez vos notes des parties précédentes sous les yeux, cela ne devrait pas vous poser de problème. Sinon, regardez votre tarot et fouillez dans votre mémoire. Faites du mieux que vous le pouvez.

Maintenant que vous avez fait ce que vous pouviez faire, laissez-moi vous donner la liste « officielle » :

Le Fou

Les quatre Cavaliers

L'Empereur

Le Valet de Bâtons

Les Amoureux

Le Roi de Pentacles

Le Chariot

Le 2 d'Épées

La Roue de la Fortune

Le 8 d'Épées

La Mort

La Tempérance

Le Soleil

Le Jugement

Comme vous le savez, d'autres cartes pourraient figurer sur cette liste. Nous avons listé là uniquement celles avec lesquelles nous avons choisi de travailler. Certaines cartes – la Mort et trois des Cavaliers – sont utilisées deux fois.

La seconde partie du défi consiste à revenir sur les idées, concepts et informations transmis dans ce chapitre. Une fois encore, cherchez dans vos souvenirs ou dans vos notes si vous les avez. Creusez profondément sous la surface et cherchez comment nouer un lien magique entre ces trois images sans rapport apparent.

Il va vous falloir un peu de temps pour y arriver – prenez-le. Vous avez besoin d'un coup de pouce sur la méthode à utiliser ? Alors, procédez de la manière suivante, en commençant par lire l'ensemble des instructions.

CONTEMPLATION ET TIRAGE

Pour commencer, fermez les yeux. Respirez. Détendez-vous.

Entourez-vous d'obscurité.

Videz votre esprit des pensées et des images qui l'occupent.

À présent, laissez le mot « armure » pénétrer vos pensées, et avec lui les armures des cartes telles qu'elles se présentent à vos yeux. Ne forcez rien. Laissez les images surgir.

Tout en visualisant ces armures, laissez remonter les principales idées que véhicule l'armure en tant que symbole. Laissez-les arriver sans forcer : elles finiront par se présenter à vous.

Quand elles arrivent, ouvrez les yeux, tout en conservant cet état détendu et méditatif. Écrivez ce que vous venez de comprendre.

Fermez de nouveau les yeux et répétez le processus pour le symbole du bandeau sur les yeux.

Quand vous avez terminé, répétez le processus pour l'image de la plume.

Une fois que vous avez fait tout cela, ce qui ne vous prendra que quelques minutes, voire un peu plus, répétez une dernière fois le processus contemplatif. Laissez les principes des armures, des bandeaux et des plumes virevolter dans votre esprit jusqu'à ce que ce qui les relie commence à se révéler à vous. Une fois de plus, notez ce que vous avez entrevu.

Procédez du mieux que vous le pouvez, sans vous inquiéter du résultat. Faites-le, c'est tout. À vous de jouer !

Il y a sans doute plusieurs manières de relier ces symboles, chacune dans ses propres nuances. Laissez-moi partager avec vous notre propre résultat du processus que vous venez de suivre.

Les deux grandes caractéristiques de l'armure sont les suivantes :

Il s'agit d'abord d'une réponse pragmatique et nécessaire aux dangers d'une bataille potentiellement mortelle, surtout s'il faut les affronter régulièrement et fréquemment. Bien que le danger puisse être physique, psychologique ou spirituel, et que chacune de ces formes requiert une armure particulière, l'idée reste la même : l'armure symbolise le courage d'un individu et sa volonté d'accepter un challenge permanent.

Ensuite, l'armure n'est pas seulement pratique, elle est aussi cérémoniale. Elle affirme le statut, la richesse et le pouvoir de celui qui réussit sa carrière de combattant. Elle est le signe des nombreuses batailles auxquelles il a survécu et de toutes celles qui viendront après. Dans ce cas, l'armure est le symbole d'un devoir envers le peuple et d'un honneur mérité.

Les grandes idées derrière l'armure sont donc le danger mortel, le courage et l'honneur dûment gagné.

Les bandeaux sont tout autres. Les deux grandes idées qu'ils véhiculent concernent notre capacité à voir et sont représentées par deux cartes. Sur la première, le bandeau symbolise la vision intérieure qui seule peut voir la vérité. Sur la seconde, il symbolise les ténèbres extérieures dont il faut se défaire pour enfin voir la vérité.

Les yeux bandés représentent n'importe quelle expérience, épiphanie, compréhension ou attitude qui éteint la clameur de la réalité du dehors pour permettre à la sagesse de naître à l'intérieur. Ils peuvent aussi désigner une action, une émotion, une pensée, une réalité présente ou passée qui concentre son attention sur elle-même, excluant toute sagesse, toute profondeur. Un tel bandeau peut être un prélude à une initiation – ou pas.

Les questions soulevées par le bandeau sont donc la lumière de la vérité intérieure et l'obscurité des distractions du monde extérieur, un état de stabilité et de sagesse, les épreuves et difficultés continues de l'initiation.

Les deux principaux aspects du symbole de la plume sont le feu et l'air. L'air se soulève et retombe avec grâce et délicatesse, dans un mouvement parfaitement contrôlé. Le feu s'élève toujours et implacablement vers le haut, bien qu'il accepte de redescendre quand il le doit. Ces deux éléments atteignent leur aisance et leur potentiel maximal quand ils sont au plus haut, bien qu'ils puissent tous deux opérer plus bas.

La plume évoque l'idée de voler. Elle porte en elle le désir ardent de l'air de s'élever et la purification ultime des flammes. À la fois air et feu, la plume symbolise la possibilité de se déplacer à l'envi entre le monde d'en haut et celui d'en bas. Elle est un puissant symbole d'émergence et de retour.

Une armure est lourde, épaisse, mais elle symbolise le courage, la vertu et l'esprit.

Un bandeau crée une obscurité réelle qui symbolise la quête et l'expérience de la lumière intérieure.

Une plume est extrêmement délicate, fragile, mais elle accomplit la formidable tâche d'apporter le léger et le pur dans un monde imparfait, et d'élever le lourd et l'impur jusqu'à la perfection.

Ces trois images symbolisent donc un bien immense et nécessaire, distillé sous des formes humbles et particulièrement improbables.

La leçon est puissante. Retenez-la, elle vous sera utile dans l'arène rude et chahutée d'un tirage de cartes.

Tout cela nous amène à la dernière étape de l'ancrage, qui consiste à mettre en pratique ce que nous avons appris dans un tirage.

Commencez par battre les cartes avec lesquelles nous travaillons dans cette partie.

Ensuite, posez une question pour laquelle vous avez besoin d'une réponse. Écrivez-la, puis clarifiez-la et affinez-la jusqu'à ce qu'elle interroge, du mieux possible, ce que vous souhaitez savoir.

Enfin, procédez au tirage de votre choix avec les cartes battues. Posez votre question et utilisez tout ce que vous savez des cartes et de leur symbolisme.

TIRAGE : L'ARMURE, LE BANDEAU ET LA PLUME

Ce tirage s'appuie sur les symboles étudiés dans cette partie. Il est différent des autres tirages pratiqués jusqu'ici, car il propose plusieurs manières d'envisager chaque position.

Comme vous l'avez appris, ces symboles, comme les autres, comportent de nombreuses strates d'interprétation. Ce tirage vous donne la possibilité d'expérimenter les différentes façons d'envisager chaque symbole, chaque position pouvant être envisagée de plusieurs manières.

Il s'agit d'un tirage à trois cartes, avec l'armure en position n°1, le bandeau en n°2 et la plume en n°3. Chaque carte prendra l'une des trois significations symboliques possibles.

Armure

1. Ce qui vous protège.
2. Ce qui vous fortifie.
3. Ce qui vous pèse.

Bandeau

1. Ce que vous ne voyez pas.
2. Ce qui vous empêche de voir la vérité.
3. Ce qui vous permet le mieux d'accéder à votre vision intérieure.

Plume

1. Comment transcender votre situation actuelle.
2. Où trouver votre connexion avec le Divin.
3. Ce que vous pouvez faire pour vous alléger.

Commencez par placer les cartes comme ceci, face contre table :

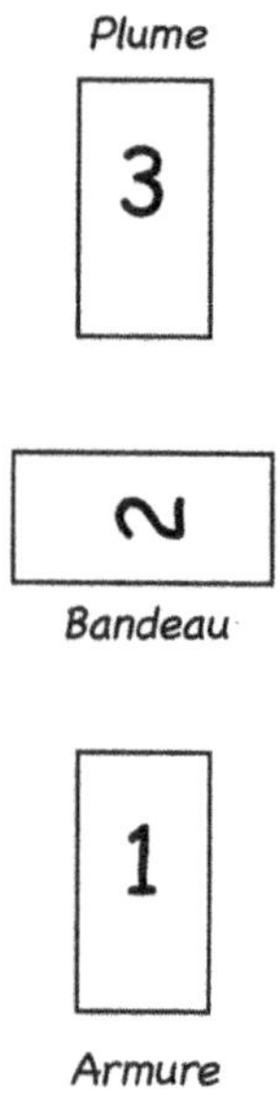

Avant de retourner les cartes, parlez avec votre requérant pour mieux comprendre le sens de sa question. S'agit-il d'une problématique émergeante, concrète, spirituelle ?

Retournez ensuite les cartes une à la fois et regardez les options proposées pour chacune des positions. Choisissez celle qui a le plus de sens dans le contexte de la question (si vous procédez à un tirage long, vous pouvez interpréter chaque carte sous l'angle de plusieurs propositions).

Vous pouvez aussi :

- Laissez la carte vous suggérer l'option la plus appropriée à la question.
- Laissez le requérant choisir celle qui est la plus importante pour lui.

Ce sont là nos suggestions. En reprenant vos notes, vous trouverez peut-être d'autres manières d'interpréter chaque image. Plus vous comprendrez les symboles et plus vos tirages seront riches.

CHAPITRE 6

Châteaux, nuages et jardins

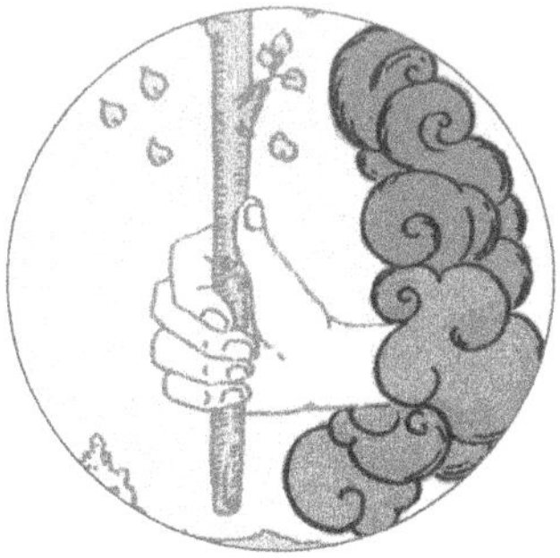

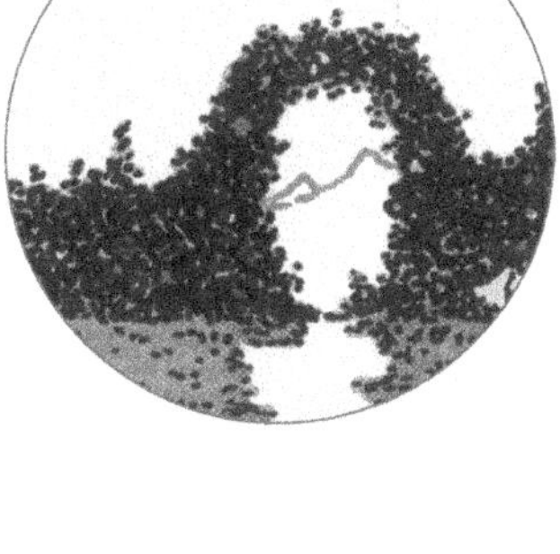

LES CHÂTEAUX

Bienvenue dans cette section dédiée au symbolisme des châteaux dans le tarot. Contrairement aux symboles des chapitres précédents, les châteaux ne sont ni antiques ni universels : leur origine est purement européenne et médiévale. Ils n'en sont pas moins des symboles puissants.

Nous voilà à l'avant-dernier chapitre de notre série sur les images et l'intuition appliquées aux cartes du RWS. Sachez que, quand nous en aurons terminé, vous n'en serez encore qu'au commencement de l'exploration du symbolisme dans le tarot. Il reste encore tant à faire qu'il est impossible de boucler le sujet dans un cadre de travail formel. Nous allons donc vous donner une méthode qui vous permettra de continuer le travail seul, si vous le souhaitez.

Dans cette optique, cette partie sera différente des précédentes : le questionnement et la contemplation constitueront notre principal moteur. Je lisserai le processus avec de brèves informations tirées de nos recherches.

Vous n'avez pas besoin de vos cartes pour le moment, mais gardez-les à portée de main.

CONTEMPLATION DU CHÂTEAU

Voici ma première question : à quoi reconnaissez-vous un château ?

Réfléchissez-y pendant une minute, puis notez vos réponses.

La plupart des gens savent à quoi ressemble un château parce que cette image fait partie de notre héritage culturel. Il y a pourtant des édifices qui ressemblent à des châteaux, mais qui n'en sont pas. Ce qui nous amène à notre deuxième question : savez-vous distinguer, rien qu'en les regardant, un château d'une forteresse ? D'une ville fortifiée ? D'un palais ? D'une tour ou d'une maison imposante ?

Réfléchissez-y et notez vos réponses.

Un château est une structure reconnaissable, or, les structures reconnaissables répondent à des fonctions connues. Une maison, une église, un gratte-ciel, une pyramide – tous répondent à un objectif particulier.

La troisième question est donc celle-ci : quel est l'objectif du château ?

C'est une question difficile, car la réponse est complexe et multifactorielle. Contemplez cette question pendant deux ou trois minutes, puis écrivez ce qui vous est venu pendant votre contemplation.

À partir de maintenant, les questions vont devenir plus subtiles, plus ardues.

Dans un chapitre précédent, nous avions évoqué le fait que des objets ordinaires, fabriqués par l'être humain, pouvaient devenir des symboles – l'utilisation pratique de ces objets au quotidien reflétant, d'une certaine façon, des fonctions analogues dans nos vies intérieures.

C'est le cas du château. Cette structure réelle, répondant à des besoins pratiques, symbolise une structure intérieure préexistante puissante. Ses murs, ses portes, ses tours, ses fenêtres étroites, ses douves, son pont-levis, ses fortifications et son donjon, son puits et ses garde-manger, son armurerie et ses étables, ses appartements privés, ses escaliers secrets, ses passages cachés – tous ces éléments architecturaux bien réels décrivent les maisons et les forteresses intérieures que nous portons en nous. Votre maison est votre château, votre royaume – et cela est vrai aussi bien au-dedans qu'au-dehors.

La quatrième question est celle-ci : en tant que symbole, en tant qu'énergie habitée, quelles fonctions du château se reflètent en vous ? Cette question est assez exigeante, aussi, prenez le temps de la contempler. Notez ensuite vos réponses.

Je vais maintenant vous guider vers des questions un peu plus spécifiques.

Dans les châteaux du Moyen Âge, siégeait un pouvoir séculier, qui venait contrebalancer la puissance spirituelle de l'Église.

Tout château servait de foyer au seigneur et à sa famille, et de forteresse à sa garnison de chevaliers et de soldats. Il représentait l'ordre, la paix et la sécurité au cœur d'un paysage violent, sans foi ni loi. Un château était un bastion d'intimité et de pouvoir, un lieu où n'existait aucune autorité extérieure ou supérieure. Le seigneur régnait comme bon lui plaisait sur son domaine. De sa personnalité dépendait la qualité de la vie au château, qui le résumait tout entier – aimable ou despotique, héroïque ou mauvais, sociable ou solitaire.

Tout cela était vrai des châteaux médiévaux. C'est également vrai, en cet instant, d'une façon ou d'une autre, du château symbolique que vous portez en vous.

Voici la cinquième question : pouvez-vous identifier en vous l'équivalent de ce pouvoir individuel absolu ?

Contemplez cette question pendant deux ou trois minutes, puis notez le résultat de votre contemplation.

Comme vous le voyez, les châteaux ont de nombreuses fonctions, que ce soit dans le monde réel ou dans notre monde intérieur. Ces fonctions peuvent être catégorisées selon les deux grandes énergies (masculine et féminine) qui dominent le symbolisme du tarot et la psychologie.

La sixième et dernière question comporte deux parties :

1. Quelles fonctions et énergies d'un château sont masculines, lesquelles sont féminines ?
2. Quelles fonctions et énergies analogues pouvez-vous identifier en vous ?

Prenez le temps de mener cette contemplation, puis notez vos réponses.

Vous avez bien travaillé, vous méritez de faire une pause. La suite sera relativement facile. À présent, prenez vos cartes et cherchez celles illustrées d'un château. Vous avez maintenant des critères pour juger ce qui en est un, il sera donc intéressant de voir celles que vous retenez.

Nous allons travailler avec quatre cartes comportant, sans doute aucun, l'image d'un château : le Chariot, l'As de Bâtons, le 2 de Bâtons et le 4 de Bâtons.

Pour qu'un édifice soit un château, et ce sans ambiguïté, il faut qu'il ait des murs et des tours ceignant une zone pas plus grande, et même souvent plus petite, qu'un modeste village. Le 2 de Bâtons ne révèle qu'un pan de mur, mais les créneaux, caractéristiques des châteaux forts, permettent de l'associer à ce symbole si tel est votre souhait.

Regardons maintenant ces quatre cartes, collectivement, puis une à la fois.

Leurs châteaux partagent une caractéristique importante : ils sont tous blancs ou gris. Dans les contes de fées, les légendes et les mythes, les châteaux blancs hébergent toujours des forces bienveillantes. Dans l'univers ésotérique, les châteaux, bizarrement, n'ont aucun rôle connu. Mais le blanc est associé à Kether, la Couronne, dans la Kabbale, et au roi en alchimie. Le gris est apparenté à la Sagesse dans la Kabbale, ainsi qu'au voile qui sépare l'esprit pur de toute forme ou substance physique.

Ajoutez les attributs ésotériques des couleurs aux qualités symboliques générales associées aux châteaux, et vous obtenez la signification générale des châteaux dans le tarot : ce sont des sources d'énergies élevées, puissantes et bienveillantes.

Le Chariot

Le château du Chariot se dresse derrière un mur qui le connecte à la ville. Il s'agit d'une référence au titre ésotérique de la carte, « House of Influence », qui amène le bien du monde d'en haut en bas, et inversement. Le château est en haut, la ville en bas.

Dans un tirage, ce château suggère une circulation de choses positives dans la vie du requérant, depuis une source située au-dessus et au-delà de lui-même.

L'As de Bâtons

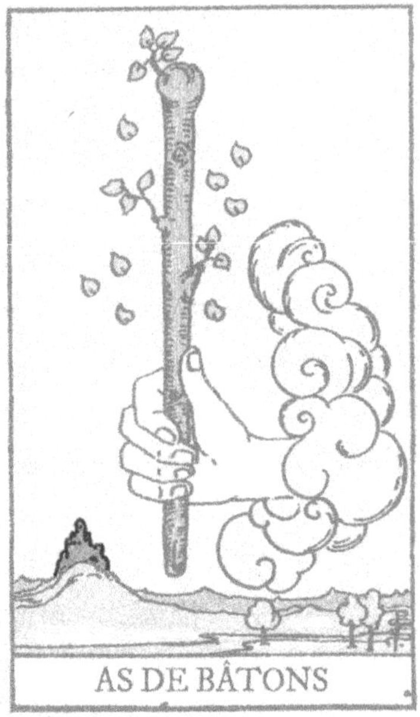

Le château blanc au loin, perché sur une colline, est un symbole de virilité et de pouvoir procréatif.

Dans un tirage, ce château suggère des actions qui engendrent des résultats. Il symbolise la puissance de la détermination.

Le 2 de Bâtons

Le mur gris fait partie d'un château gris, vu depuis l'intérieur de celui-ci plutôt qu'au loin, de l'extérieur. Il symbolise la sagesse de l'élément feu, le bien-fondé de l'action.

Dans un tirage, ce château incarne la sagesse de celui qui fait le premier pas, qui initie un mouvement.

Le 4 de Bâtons

Ce château, avec ses murs blancs et ses tourelles rouges, symbolise la détermination, la connexion avec des ambitions élevées et pures.

Dans un tirage, il suggère que tout ce qui a été fait jusqu'ici engendrera un résultat heureux.

*

Un avertissement s'impose ici. Avec les châteaux, plus qu'avec tout autre symbole, on a l'impression que la signification générale de l'image est plus importante et représente une source d'information intuitive plus profonde que les références propres à chaque carte.

Quand un château attire votre œil dans un tirage, cherchez en vous sa signification et gardez en mémoire ce qu'évoque un château – et après seulement, tenez compte des particularités de la carte sur laquelle il apparaît.

Au travers de cette partie, nous avons tenté de vous donner une méthode générale pour étudier le sens symbolique d'un détail sur une carte de tarot. Cette méthode comporte trois étapes.

La première consiste à poser des questions pertinentes puis à chercher en soi, par la contemplation, des perspectives et connaissances utiles. Vous en savez bien plus que vous ne le pensez : la contemplation permet à vos connaissances de remonter à la surface pour que vous en preniez conscience.

La deuxième étape est la recherche. Procurez-vous de bons ouvrages de référence et apprenez à faire des recherches efficaces sur Internet. Trouvez ce que vous pouvez à partir des meilleures sources, les plus fiables, et ajoutez ces informations à ce que la contemplation vous a déjà révélé.

Troisième étape, l'ancrage. Laissez les connaissances du dedans et du dehors fusionner pour former une image dotée d'une cohérence interne et d'une structure solide, une image qui détient la signification que vous cherchez. Aucune validation extérieure ne vous est nécessaire : ce que vous aurez découvert est, et restera, valable.

Si vous apprenez à procéder ainsi, nous vous aurons transmis une leçon infiniment précieuse.

LES NUAGES

Passons maintenant aux nuages. Bien qu'appartenant au monde visible, les nuages peuvent à peine être qualifiés d'objets... Ils sont toujours présents dans nos vies, même quand on ne les voit pas. Ils passent au-dessus de nos têtes sans que nous n'en ayons véritablement conscience. Tout au plus se dit-on : « Le temps est nuageux » ou bien « il n'y a pas un nuage » ou encore « On dirait qu'il va pleuvoir ! », s'ils paraissent menaçants. On ne remarque presque jamais un nuage en particulier.

Pourtant, les questions se pressent dès lors qu'on y prête attention. Qu'est-ce qu'un nuage ? Quand vous en voyez un, qu'est-ce qui vous fait dire : « Tiens, un nuage » ? Vous pourriez vous demander, par exemple :

> Combien de sortes de nuages existe-t-il ?
>
> Comment se forment les nuages ? De quoi sont-ils composés ?
>
> Où les trouve-t-on ?
>
> À quoi servent-ils ? Que font-ils ?
>
> Qu'est-ce qui, en moi, évoque le nuage – autrement dit, pour transformer les nuages du monde réel en symboles ?

Réfléchissez à ces questions. Contemplez-les. Pensez-y jusqu'à ce que les réponses émergent en vous. Vous verrez que ces dernières forment elles-mêmes un nuage de connaissances qui tourbillonne autour de vous et transforme subtilement votre savoir.

Commençons par répondre à ces questions sur une feuille. En réalité, toutes ces interrogations ne sont que différentes facettes d'une même question. On peut y répondre de manière globale, bien que la réponse ne soit ni courte ni simple.

Quand on dit « nuages », on se réfère généralement à ces amas blancs et duveteux qui flottent dans le ciel. Ils sont constitués de vapeur d'eau – de l'eau évaporée à haute altitude, dans l'atmosphère. Cette eau refroidit et se condense en minuscules cristaux de glace ou en gouttelettes si légères qu'elles restent suspendues dans les airs. Ces gouttelettes se rassemblent en amas dont la forme change constamment : les nuages. Le vent les pousse jusqu'à ce qu'elles retombent au sol sous forme de neige ou de pluie.

Les plus hauts nuages, les cirrus, sont composés de glace. Ils flottent telles des plumes, blancs, épars, très loin au-dessus de nos têtes.

Les stratus volent plus bas, mais sont eux aussi composés de cristaux de glace. Ils s'étalent en couches plus épaisses et plus rapprochées que les cirrus. Leur forme trace des motifs dans le ciel. Ils reflètent le soleil, créant des aurores et des couchers de soleil sublimes.

Les cumulus sont des colonnes de vapeur d'eau qui s'élèvent à des milliers de mètres d'altitude. Ces formes aux proportions massives promettent pluie, tempête, éclairs et tonnerre.

Les nimbus s'étalent à basse altitude. Ces masses grises sont celles qui s'approchent le plus de la Terre, elles renferment d'énormes volumes d'eau qui peuvent se déverser en pluie ou en neige. Ce sont elles qui rendent le ciel maussade et couvert même quand il ne pleut pas. Quand ils atteignent le sol, les nimbus donnent de la brume ou du brouillard.

Tous ces nuages composent l'humeur du ciel. Ils vont et viennent, apparaissent et s'évanouissent, constamment changeants. Ce mouvement incessant et ces changements sans fin ont donné lieu à l'une des plus anciennes formes de divination : l'aéromancie.

L'aéromancie consiste à voir des signes et des présages dans les phénomènes atmosphériques – vent, tonnerre, éclairs, nuées d'oiseaux et nuages. La divination dans les nuages s'appelle la « néphomancie » : on prédit l'avenir selon les formes et les mouvements des nuages au fil des heures, des jours. On a retrouvé de vieilles prédictions extrêmement détaillées qui se sont avérées incroyablement précises et profondes. De nos jours, plus personne n'a le temps ni les connaissances nécessaires pour lire dans les nuages.

Toutefois, les nuages demeurent de puissants symboles de changement. On ne les voit pas se former, ni disparaître. Ils arrivent, nous affectent brièvement, puis s'évanouissent sans laisser de trace. Rien ne symbolise mieux l'éphémère qu'un nuage.

Selon la tradition yogi, les pensées et les émotions sont des nuages qui traversent, sans l'affecter, le ciel de notre conscience. Il faut pouvoir les observer sans leur accorder d'importance durable, puisqu'ils apparaissent et disparaissent constamment. Il peut être utile de se remémorer cette information quand les problèmes d'un requérant lui semblent immensément importants.

Les nuages servent aussi de voile : ils cachent ce qui est dedans, dessus, derrière. Ils créent une limite naturelle mais floue à notre champ de vision. Les pilotes d'avion et les marins parlent de visibilité. La brume et le brouillard, qui ne sont autres que des nuages effleurant le sol, assombrissent notre vision et créent une impression de mystère en limitant et en floutant notre vue. Les contours, les frontières s'effacent dans les nuages, créant à la fois de l'incertitude et un vaste champ des possibles.

Les nuages séparent ce qui est en haut de ce qui est en bas. La vie ordinaire se déroule toujours sous les nuages. Ce qui est au-dessus est trop raréfié, trop fin, trop abstrait pour accueillir la vie telle que nous la connaissons. Au-dessus des nuages, dans le monde physique, l'espace s'étend à l'infini. Dans le monde intérieur, c'est le lieu de l'esprit, du paradis, des contes de fées et des mythes, des choses dont nous parlons, mais que nous vivons rarement.

On dit qu'une colonne de nuages a guidé les tribus d'Israël dans le désert du Sinaï. Les anges surgissent dans les nuages ou les chevauchent.

On représente ceux qui arrivent au paradis sur un chemin de nuages. Le château de l'ogre du conte *Jack et le haricot magique* repose sur un décor de nuages. Les dieux grecs résident au mont Olympe, au-dessus des nuages. Et quand on dit de quelqu'un qu'il a la tête dans les nuages, c'est que son esprit s'évade dans des contrées lointaines et inaccessibles.

Cela étant dit, les nuages peuvent aussi annoncer la ruine, le tragique, le désastre. Les nuages d'orage amènent inondations et blizzard. Le nuage en champignon d'une explosion nucléaire est rempli de poussières radioactives, il est le symbole ultime de la mort et de la destruction provoquées par l'être humain.

La théorie actuelle sur la disparition des dinosaures, qui régnèrent sur la Terre pendant seize millions d'années, est qu'une météorite provoqua un nuage de poussières si vaste qu'il modifia instantanément le climat de la planète. Il créa un environnement dans lequel les dinosaures ne pouvaient plus vivre.

Les nuages de cendres et de gaz volcaniques symbolisent une autre forme de catastrophe. Un nuage de fumée est toujours causé par les flammes – des flammes potentiellement, même si pas toujours, destructrices.

Quand on saisit un steak au barbecue, le nuage de fumée qui s'en dégage est savoureux et donne l'eau à la bouche. Celui qui émane d'un bâton d'encens ou d'un bouquet de sauge crée une ambiance de paix et de calme et délimite un espace sacré.

Sous les cieux envahis d'épais nuages, le nombre de dépressions et de suicides augmente. Sous les cieux sans nuage, la lumière et la brutalité du soleil créent des paysages et des tempéraments intenses, ardents.

Surtout, les nuages sont associés aux pluies fertiles. Ils sont le symbole visible du cercle de l'eau qui donne vie à tout. Nous ne pourrions vivre sans eux.

Les nuages reflètent l'humeur du ciel, mais aussi notre météo intérieure – orageuse, capricieuse, superbe, oppressante, rêveuse, humide, joyeuse, énergique, paresseuse, mystérieuse, effrayante, prometteuse.

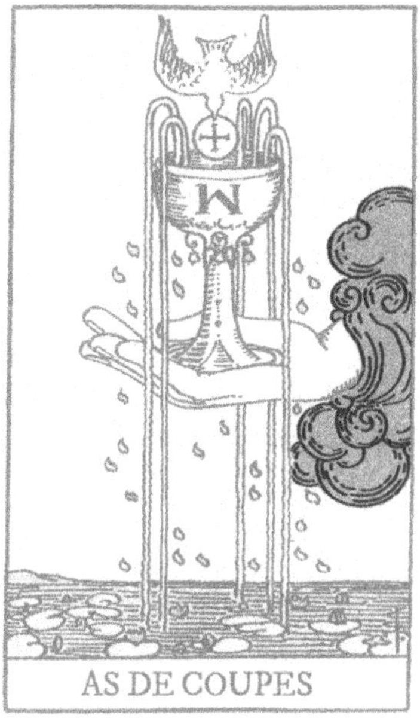

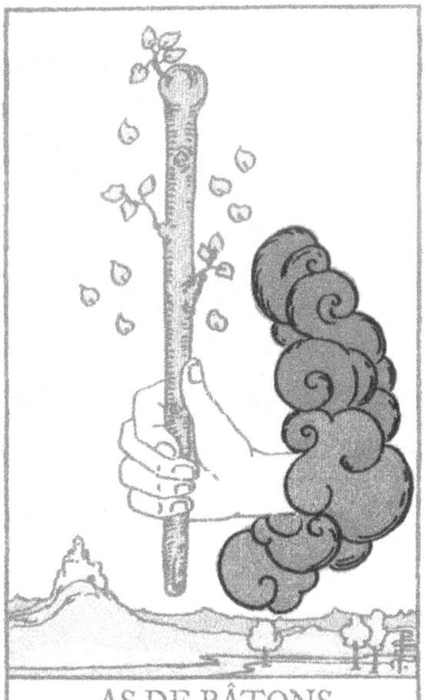

Enfin, dans le tarot, les nuages sont des symboles. Ceux, avant tout, de l'air, l'élément qui les porte ; c'est pourquoi ils figurent en bonne place dans la suite d'Épées, traditionnellement associée à l'air.

Ils symbolisent également le Divin, le mystère, l'invisible, l'inconnu. C'est la raison pour laquelle ils apparaissent en dessous des anges des Amoureux et du Jugement, aux quatre coins de la Roue de la Fortune et du Monde, autour de la main qui apparaît sur les quatre as ainsi que sur le 4 de Coupes. Sur le 7 de Coupes, ils sont un signe d'imagination, de fantasme et de potentiel.

Dès que des nuages attirent votre attention sur une carte, prenez le temps de vous remémorer leur symbolisme – en général, et dans le tarot. Intégrez ces connaissances à votre tirage, qui gagnera instantanément en richesse et en fertilité.

LES JARDINS

Bienvenue dans cette section dédiée aux jardins dans le tarot. Le sujet est vaste – plus vaste que nous le pensions quand nous avons commencé nos recherches. Mais le message reste simple. Finalement, tout jardin est une métaphore vivante de la perfection.

Les jardins existent partout dans le monde, dans toutes les civilisations passées et présentes. En Égypte, bien que les vestiges soient rares, les anciens registres parlent de jardins rattachés aux temples, aux palais et aux maisons. L'ombre, l'eau, les parfums et les fruits venaient cajoler et soulager les sens malmenés par l'implacable soleil. Des animaux et des oiseaux en cage distrayaient les propriétaires – qui bien sûr étaient soit riches, soit puissants. Les pauvres et les citoyens lambda n'avaient pas accès à ces plaisirs.

En Chine, les jardins ont toujours existé, aussi loin que remonte l'histoire de l'humanité. Dans la tradition chinoise, l'Univers s'étalait sur trois niveaux – le ciel en haut, la Terre en bas et l'humanité entre les deux. La raison d'être de l'homme, la justification de son existence, était d'équilibrer et d'harmoniser les forces de la Terre et du ciel. Le flux harmonieux du yin et du yang, de l'inspiration et de l'expiration, de la vie et de la mort, de l'éclosion et du flétrissement était un signe de perfection. La véritable paix était intérieure et s'atteignait une fois l'harmonie trouvée. Rien n'était plus précieux. Empereur, mandarins, sages, soldats et paysans étaient liés par des règles, des lois et des coutumes qui garantissaient une existence parfaite. Les jardins chinois étaient conçus de manière à révéler – à l'œil, au cœur et à l'esprit – les principes de cette harmonie.

Au Japon, les jardins zen mêlaient sable, gravier et pierre. La prédilection des Japonais pour la contemplation et la résolution de koan, ces paradoxes en apparence insolubles, prenaient ici la forme de puzzles beaux et sereins qui parlaient à l'esprit et à l'âme par le truchement des yeux. Les jardins zen n'étaient pas faits pour y déambuler, mais pour être observés en méditant ou en buvant du thé, un rituel qui faisait écho à la nature même du jardin.

Pour le Moyen-Orient aussi, un jardin est une métaphore de la perfection. Le mot « paradis » vient d'ailleurs du perse *pardeiza*, qui signifie « jardin clos ».

Le jardin persan était une oasis verdoyante dans un paysage aride – un paradis sur Terre, littéralement. C'était un jardin formel, un idéal accompli avec un esthétisme parfait. Bien que la Perse compte plusieurs types de jardins, répondant à des normes différentes, le jardin idéal était construit autour d'un bassin central s'écoulant dans quatre canaux qui divisaient le jardin en quatre – comme le jardin d'Éden de l'Ancien Testament.

Après avoir envahi la Perse, les Moghols ramenèrent en Inde les principes du jardin persan et les mêlèrent à leur propre style pour créer des jardins dans lesquels les palais font intégralement partie du décor. L'exemple le plus connu de jardin moghol d'inspiration persane est le Taj-Mahal.

Dans l'Islam, de manière générale, le jardin est une métaphore du paradis, un lieu de plaisirs parfaits offert en récompense à ceux qui ont fait preuve d'une vie et d'une mort vertueuses. La promesse de cette récompense suffit à encourager la population au martyre.

L'Islam, par le biais des Maures, a fait connaître ses jardins en Espagne et en Italie. L'Espagne, en particulier, a adopté le style mauresque dans plusieurs domaines, y compris les jardins. Les jardins maures sont des pièces de vie ouvertes décorées de fontaines, d'arbres en pots et de fleurs. Cachés par des murs d'enceinte, ils sont bâtis à l'intérieur et entre les galeries des palais, mais dépourvus de plafond – entièrement privés, cachés aux yeux des mortels, mais visibles pour Dieu.

En Italie, l'héritage des jardins vient surtout de Rome. Le jardin romain, comme Rome tout entière, était à la fois pragmatique et hédoniste. Les habitants avaient besoin d'eau et d'ombre pour s'abriter du soleil méditerranéen, aussi les jardins romains offraient-ils des retraites de fraîcheur. Ils s'articulaient autour d'une grotte, d'une caverne ou d'une cavité dans la montagne. Des chemins ombragés menaient aux fontaines. Des portiques bordaient les canaux, les bains étaient rafraîchis par l'air de la mer. L'ensemble était ponctué de statues et d'ornements architecturaux – petits édifices couverts composés de colonnes surmontées d'un toit, treilles couvertes de vignes, topiaires, obélisques, arbres et fleurs en pots, bancs à l'intention du promeneur. Ces jardins étaient de purs ravissements pour le corps et les sens, des lieux conçus pour se reposer et revivre.

Le jardin italien inspira directement les jardins anglais des XVIIe et XVIIIe siècles. L'architecture romaine fut scrupuleusement recopiée et permit à l'aristocratie terrienne d'Angleterre d'afficher son rang de manière plaisante et sans équivoque. Au grandiose et au formel, les Anglais ajoutèrent l'ésotérique et le symbolique par le biais de labyrinthes taillés dans des haies de buis et de temples. Ces derniers, petits mais sophistiqués et exquis, reprenaient les principes de la franc-maçonnerie qui influençait puissamment la vie politique et intellectuelle britannique de l'époque.

L'Europe a une tradition de jardins médiévaux – des jardins botaniques, circonscrits par des murets, où les pelouses entouraient des parterres d'herbes odorantes. En dépit de leur petite taille, ces jardins étaient des lieux formels, parfumés et méditatifs, des lieux de retraite et de relaxation profonde.

Il y avait aussi les prairies en fleurs, de vastes étendues d'herbe soigneusement coupée et parsemées de fleurs sauvages. C'étaient des lieux pour marcher, courir, s'allonger, pique-niquer et jouer. Il existait également des jardins utilitaires, où l'on faisait pousser des légumes, des épices et des plantes médicinales. Chaque monastère, chaque hôpital avait le sien.

Les jardins des manoirs européens étaient décorés de statues, de tonnelles, de kiosques, de cloîtres, de treilles, de pelouses en terrasses et de parterres – lesquels dessinaient en sable coloré, gravier, pierres ou fleurs des motifs visibles depuis les fenêtres des étages ou les collines avoisinantes. Ces jardins, déjà grands en soi, étaient parfois prolongés d'un parc constitué de bois et de prairies remplis d'animaux et d'oiseaux destinés à la chasse.

Les jardins des villas de la Renaissance donnèrent l'occasion aux riches et aux puissants d'Europe de manifester leur extravagance. Ces jardins informels et élégants abritaient moult recoins. Leurs chemins sinueux, leurs fontaines et leurs statues, leurs arbres et leurs fleurs étaient choisis pour leur fragrance et leur beauté. Des bancs cachés accueillaient les rendez-vous galants. Ces jardins étaient de purs objets de plaisir.

Dans nos villes modernes, les jardins botaniques rappellent aux citadins que la nature existe et peut être très agréable.

En plus de tous les jardins que nous n'avons pas la place de décrire ici, il en existe un autre, bien particulier, qui mérite ici d'être cité, car sa fonction se rattache à notre thème du jardin comme métaphore de la perfection : le jardin de Marie.

Le jardin de Marie reprend le symbolisme de la Vierge Marie et des fleurs qui la représentent. C'est un jardin méditatif qui évoque par les fleurs l'esprit unique de Marie et les thématiques religieuses qui lui sont rattachées. L'impact de ce jardin vient d'abord de ce qu'on le cultive, puis qu'on le contemple. C'est une façon de proclamer et de méditer sur les vertus de la Vierge. Le jardin raconte l'histoire de Marie à la manière des vitraux en rosace et des livres d'heures enluminés du Moyen Âge. Parmi les fleurs les plus sacrées de la Vierge, figurent la rose et le lys, un thème récurrent du tarot.

Il nous faut enfin parler du jardin le plus emblématique qui soit : le jardin d'Éden. Selon le récit de la Création, sur laquelle reposent trois religions, c'est là qu'est née l'humanité. C'est un jardin associé à la félicité, à l'innocence et à la perfection. C'est là et dans cet état que vivaient l'homme et la femme avant d'en être exclus ; c'est ce jardin et cet état qu'ils espèrent retrouver. C'est dans ce jardin où ils sont nés qu'ils sont ce qu'ils sont supposés être. Ce jardin, qui constitue probablement le but ultime de la religion, de la mystique, de la philosophie et de l'ésotérisme, est le plus puissant de tous les symboles.

Jetons maintenant un œil aux jardins représentés sur les cartes. Repérez dans votre tarot les cartes concernées. Comme d'habitude, il peut y avoir de l'ambiguïté sur certaines. Dans le cas présent, pour une fois, c'est assez peu gênant. Toutes les significations modernes du tarot dérivent directement ou s'inspirent de la mentalité et de préoccupations ésotériques vieilles de cent ans.

Dans l'univers du symbolisme kabbalistique et alchimique n'existe qu'un seul jardin : Éden. Toute carte illustrée d'un jardin, ou y faisant brièvement allusion, évoque en réalité le jardin d'Éden.

Il faut ici rappeler que, depuis le XIXe siècle, l'intégralité des cartes représente tout ou partie de l'Arbre de Vie. Celui-ci, dressé au centre du jardin d'Éden, le protège de son ombre. L'Arbre de la connaissance du bien et du mal, dont vient le fruit à l'origine de la chute, ne serait qu'une branche de l'Arbre de Vie, comme tous les arbres dont les fruits sont bons et nourrissants pour l'être humain.

Dans le tarot, tout jardin fait référence à l'Éden – et donc à l'innocence, la félicité, la perfection, l'ordre, la paix, la sécurité, la cultivation des vertus intérieures et des récompenses extérieures. Plutôt que de parler du sens spécifique des jardins de chaque carte, rappelez-vous de préférence ces thèmes d'ordre général. Avant de terminer, toutefois, voici quelques références pour deux cartes que vous trouverez peut-être utiles.

L'As de Pentacles

L'As de Pentacles, comme tous les as du tarot, est un don divin, le don d'un monde, d'une création. Son élément est la terre, il évoque tout ce qui est solide, réel. Son monde est le monde physique, celui des manifestations, la scène où se joue la tragédie de la vie.

Sur l'As de Pentacles, ce monde et cette création sont représentés sous la forme d'un jardin – le jardin des plaisirs terrestres, rempli de tout ce qui nous nourrit et nous rend heureux. Le monde réel, celui que nous connaissons et que nous vivons au quotidien, n'est pas une vallée de larmes et de souffrance, mais un lieu de joie : voilà ce qu'affirme et promet le tarot.

L'Étoile

L'Étoile représente l'Éden même. Dans le symbolisme originel de l'Aube dorée, le décor de cette carte comportait deux arbres et non un, et l'amphore déversant son contenu au sol créait quatre ruisseaux et non cinq.

Ces deux arbres étaient l'Arbre de Vie et l'Arbre de la connaissance du bien et du mal. Dans le Rider-Waite-Smith, seul demeure l'Arbre de la connaissance – on distingue, perché sur une branche, l'ibis, l'oiseau de Thot, dieu de la connaissance. L'Arbre de Vie n'est pas représenté ici, sans doute parce qu'il est déjà partout.

Les quatre ruisseaux originels symbolisaient les quatre rivières qui s'écoulaient du bassin central d'Éden – les rivières de feu, d'eau, d'air et de terre qui, ensemble, composent l'Univers. Waite a représenté cinq cours d'eau, en référence aux cinq sens et au monde d'en bas, le monde physique. Il est également possible que ces cinq ruisseaux n'en forment qu'un seul et fassent allusion à un sens ésotérique caché.

Le bassin de la carte, comme celui d'Éden, est la source de toutes les eaux. Les ondes qui le parcourent symbolisent l'énergie, dirigée vers l'extérieur, des quatre rivières qui en découlent. La carte de l'Étoile n'est autre que le paradis avant la chute.

*

Dès que vous apercevez un jardin ou une allusion à un jardin dans un tirage, interprétez-le comme un bon présage – vous ne vous tromperez pas.

ANCRAGE DES NOTIONS

Voici venu le moment d'ancrer les notions qui se rattachent aux châteaux, aux nuages et aux jardins. Il existe une multitude de châteaux dans le monde, un nombre infini de nuages et plus de jardins qu'on en peut compter, tarot compris. Ce qui donne du sens à ces symboles, ce qui les rend important, c'est qu'il n'y a qu'un seul château, un seul nuage, un seul jardin en chacun de nous. Il en existe des milliards de variantes, mais chacun possède la sienne. Si vous parvenez à découvrir la signification du château, du nuage et du jardin qui résident en vous, alors vous connaîtrez celle de chacun. Et vous deviendrez un excellent cartomancien.

Château, nuage, jardin – ces trois images soulèvent des centaines de questions, toutes liées entre elles par des contrastes thématiques. Contrôle, liberté, harmonie. Anxiété, insouciance, sérénité. Construction, processus, croissance. Préparation, spontanéité, culture. Voilà quelques-unes des thématiques qui me viennent à l'esprit, mais il y en a bien d'autres encore.

Créez votre propre trio de contrastes thématiques et apprenez ce que les autres ont à vous dire. Tous les contrastes et les problématiques qu'ils soulèvent sont essentiels. Ils révèlent les secrets. Vous-même êtes un château caché, un paysage inconnu au-delà des nuages, un jardin secret.

Prenons un moment pour nous concentrer sur un mot, un seul, parmi les contrastes thématiques proposés, « contrôle » par exemple. Voyons ce que nous pouvons en apprendre. Ce mot est une clé : il ouvre les portes de l'introspection.

Le contrôle concerne tout le monde. Il vit et s'exprime en nous. Vous pouvez examiner le vôtre par des questions, par exemple : ai-je un bon self-control ? Est-ce que je sais contrôler mon appétit, mes passions, les réflexes ? En ai-je besoin ? En ai-je envie ?

Dans quelle mesure avez-vous l'impression de contrôler votre vie ? Le voulez-vous ? Provoquez-vous les choses ? Les laissez-vous arriver ? Les aidez-vous à arriver ?

Que vous évoque la coercition, le contrôle des autres par la force ? Si vous avez des enfants, des employés, des subordonnés ou tout autre type d'individu qui dépend de vous, approuvez-vous la coercition comme moyen de contrôle ? Y a-t-il une limite ? Quelle est-elle ? Que ressentez-vous quand la contrainte s'applique à vous, pour vous contrôler ?

Nous sommes tous soumis, dans une certaine mesure, à la coercition sociale, parfois subtilement, parfois lourdement. Les lois, les traditions, les conventions, la propriété, la morale – tout cela nous surveille en continu. Ces thématiques relèvent du château : les murs du contrôle nous contraignent et nous façonnent en permanence. Si nous nous y conformons, nous sommes jugés acceptables, dignes d'inclusion, de protection, de récompense. Sinon, nous voilà marginalisés, rejetés, exclus et parfois même punis.

À quel point vous intégrez-vous ? Dans quelle mesure êtes-vous à l'aise avec le contrôle envahissant de la société ? Avez-vous intériorisé ces emprises au point qu'elles font partie de vous ? Vous rebellez-vous ouvertement ? Vous rebellez-vous en secret tout en faisant semblant de vous intégrer ? Avez-vous jamais vécu dans une époque ou un lieu où le contrôle social était rigide, tyrannique ? Avez-vous déjà imposé votre tyrannie du pouvoir à d'autres individus ?

Je m'arrête ici, bien que je puisse continuer longtemps encore. Voyez toutes les questions soulevées par un simple mot, à partir d'une simple image. L'introspection est un processus puissant. Elle vous attend, il vous suffit de retourner une carte. Retourner une carte est donc un acte puissant. Et plus vos connaissances seront grandes, plus cet acte sera fort.

TIRAGE À TROIS CARTES

Dans le tarot, le savoir est une puissance brute que la technique permet d'exploiter. Il est temps maintenant de sortir vos cartes. Regardez-les et prenez les douze premières où apparaît un château, un nuage ou un jardin. Reposez les autres et battez ces douze cartes face cachée.

Posez maintenant une question pour laquelle vous avez besoin d'une réponse. Écrivez-la. Remaniez-la de manière qu'elle exprime précisément ce que vous voulez savoir, ni plus ni moins.

Tirez trois cartes parmi les douze et retournez-les. Portez votre attention sur le château, le nuage ou le jardin de chaque carte – rien d'autre que ces trois symboles. Oubliez la signification des cartes. Ne tenez pas compte des cartes renversées.

Rappelez-vous les significations spécifiques au tarot de chaque symbole. Rappelez-vous celles qui sont générales aussi. Cherchez ensuite l'expression du château, du nuage ou du jardin qui vit en vous. Prenez votre temps. Concentrez-vous.

Vous avez travaillé dur, il est temps maintenant de pratiquer un peu de repos et de relaxation. Reposez cartes, carnet, stylo – tout.

VOYAGE EN QUÊTE DE REPOS ET DE RELAXATION

Fermez les yeux. Respirez, détendez-vous. Écoutez.

Au-dessus de votre tête, dans le ciel, passent des nuages. Prenez conscience de ces nuages.

Au-dessus des nuages, s'étale un paysage. Allez-y et regardez autour de vous.

Vous apercevez, au loin, un château – votre château. Allez-y.

Entrez dans l'édifice et cherchez la pièce dans laquelle se trouve un élégant coffret. Trouvez-le et ouvrez-le.

Le coffret contient une clé, la clé de votre jardin des délices. Prenez cette clé et emportez-la à l'entrée du jardin.

Entrez dans votre jardin. Prenez le temps d'observer, de créer, de cultiver. Savourez.

Le jardin calme votre esprit et apaise votre cœur. Il remplit votre intellect de sérénité et vos sens de plaisirs. Aucun mal ne peut vous arriver ici, aucun mal ne peut vous être fait. Appréciez, savourez, profitez.

Quand vous êtes prêt à revenir, rejoignez la porte par laquelle vous êtes entré dans le jardin.

Reprenez la clé et emportez-la dans la pièce du château où se trouve le coffret.

Remettez la clé dans son coffret et sortez du château pour retrouver le paysage dans les nuages.

Descendez des nuages et retrouvez votre corps.

Remuez vos doigts et vos orteils. Reprenez conscience de la pièce qui vous entoure.

Respirez profondément deux fois. Quand vous êtes prêt, ouvrez les yeux.

Bon retour parmi nous.

TIRAGE : LE CHÂTEAU, LE NUAGE ET LE JARDIN

Ce tirage exploite les symboles étudiés dans ce chapitre. Simple et universel, il vous permettra de répondre à tous types de questions. Vous pouvez le pratiquer seul ou intégré à un tirage plus long : il y ajoutera des perspectives tout à fait utiles.

Trois cartes sont ici tirées. Commencez par disposer les cartes face cachée, comme ceci :

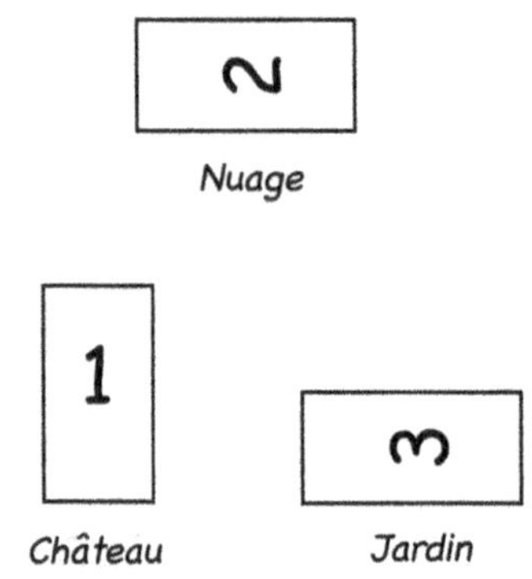

Château

1. Ce que vous contrôlez

Le château est votre place forte, c'est là que sont vos ressources. Le château est le socle de votre pouvoir. Entre ses murs, vous avez le courage de gérer et de changer les choses, seul ou avec de l'aide.

Nuage

2. Ce que vous ne contrôlez pas

Les nuages sont des forces de la nature sur lesquelles vous n'avez aucune influence. La carte assignée à cet emplacement évoque une chose que vous ne pouvez changer – soit parce que c'est impossible, soit parce que vous n'avez pas les ressources nécessaires. Vous vous êtes peut-être déjà rendu compte que toute tentative en ce sens est vaine. Ce que vous contrôlez, en revanche, est la manière dont vous choisissez de réagir et de vous comporter.

Jardin

3. Ce que vous pouvez cultiver pour éprouver de la joie

Un jardin calme l'esprit et apaise le cœur. Il emplit l'intellect de sérénité et les sens de plaisirs. L'énergie de cette carte peut être travaillée de manière à générer l'une ou l'autre de ces choses. Même si cette carte paraît inconfortable, elle contient la graine d'un résultat fécond.

CHAPITRE 7

Rivières, tours, anges et temples

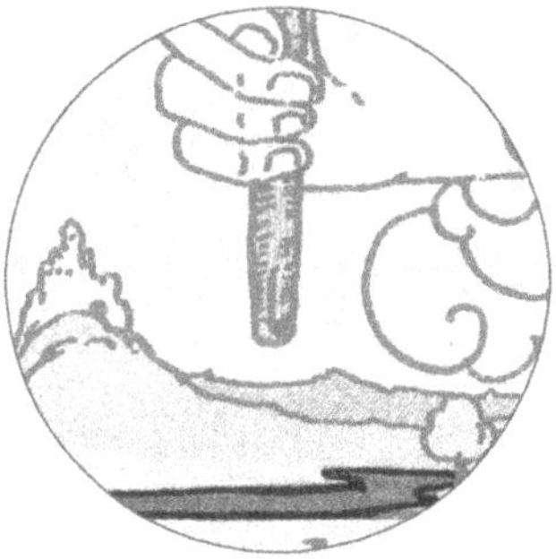

LES RIVIÈRES

Bienvenue dans cette section consacrée aux rivières. Nous arrivons au terme de notre travail sur le symbolisme que vient compléter cette dernière série de quatre symboles, bien qu'il reste encore de nombreux détails à explorer. Nous espérons que notre enseignement vous aura permis de mieux comprendre et ressentir le tarot et qu'il commencera à éclairer une obscurité dont vous n'aviez même pas forcément conscience.

Les rivières sont délicates et complexes, car vivantes – et, en tant que telles, elles sont à la fois simples et profondes. Les rivières sont tour à tour réelles, mythiques et symboliques. Le mieux, pour les comprendre, est de partir de la réalité. Les mythes et les symboles qui s'y rattachent naissent de leur forme, fonction et processus physiques.

Nous commencerons par deux questions que vous connaissez bien désormais :

1. Qu'est-ce qu'une rivière ?
2. À quoi la reconnaît-on ?

Une rivière est un cours d'eau d'une certaine taille. Le terme « cours d'eau » désigne tous les écoulements d'eau terrestres, quelle que soit leur importance – ou leur débit.

Toutes les rivières sont différentes, mais elles présentent des points communs. De la même manière que tous les êtres humains ont deux bras, deux jambes, deux pieds, un torse et une tête, toutes les rivières ont une source, un chenal, des affluents et une fin. Chaque individu a une identité et il en est de même pour les rivières.

Une rivière a toujours une source. Elle s'écoule toujours de l'amont vers l'aval. Son eau est toujours douce. Elle finit toujours par prendre fin. Mais chacune de ces généralités présente des variantes.

Certaines rivières résultent d'une source d'eau douce qui jaillit de la terre, d'autres de la neige fondue d'un glacier, d'autres encore partent d'un lac ou d'un marais. Une rivière naît souvent de la pluie ou de la fonte des neiges d'un massif montagneux. Toutes ces sources se trouvent plutôt en altitude. Et, bien sûr, toutes ces sources proviennent des nuages.

L'eau part d'en haut et cherche l'altitude la plus basse qu'elle puisse trouver. Depuis les hauteurs, il existe toujours un chemin vers le bas. La trajectoire la plus rapide, au départ de la source, s'appelle le « chenal d'une rivière ». Et quand elle ne peut plus descendre plus bas, la rivière prend fin.

Dans la philosophie du tarot, ce processus correspond précisément à celui des manifestations, quelles qu'elles soient. C'est ainsi que le monde aurait été créé et c'est ainsi que chacun crée sa vie. Prenez quelques minutes pour réfléchir à un aspect de votre vie actuelle qui cherche le moyen de se manifester.

Les rivières sont d'abord petites, elles ne sont parfois qu'un mince filet d'eau qui dégouline d'un tronc d'arbre ou d'une colline. Les ruisselets se rejoignent pour former un chenal unique, un peu plus large, toujours vers l'aval. Les petits chenaux se rejoignent à leur tour pour former un chenal plus large encore. Ils créent des ruisseaux et des torrents, qui à leur tour engendrent des plans d'eau et des lacs, qui déversent leur contenu dans des petites rivières qui convergent en rivières toujours plus grandes, toujours plus profondes. Ainsi naissent les rivières – des écoulements devenus si grands, si bien définis qu'ils acquièrent un nom et une identité.

De la même façon, toute vie humaine commence comme un flot de possibilités infinies, peu à peu influencé et enrichi par une multitude d'autres vies. Le moment venu, la conscience de cet enfant nouveau, délicat et brut devient un flot de conscience adulte et accompli.

EXERCICE : LA MÉMOIRE DE LA RIVIÈRE

Fermez les yeux. Respirez. Détendez-vous.

Remontez le fil de votre mémoire, la rivière de votre histoire, jusqu'à sa source. À mesure que vous remontez le temps, souvenez-vous des rivières de vie qui ont rejoint la vôtre et qui ont fait de vous ce que vous êtes. Prenez conscience que vous êtes la somme d'une multitude de rivières vivantes.

Prenez deux respirations profondes puis, quand vous serez prêt, ouvrez les yeux.

Certaines rivières atteignent la mer. D'autres se terminent dans des lacs, des marais, des marécages. Certaines rejoignent directement le ciel en s'évaporant dans la chaleur d'un désert. D'autres disparaissent sous la terre, vers des profondeurs sombres et mystérieuses. Chaque vie connaît, elle aussi, une fin qui lui est propre.

Du début à la fin, l'essence de la rivière est son eau fraîche et douce, qui nourrit directement toutes les créatures terrestres de ses abords et toutes les créatures aquatiques qui nagent et vivent en elle. Par sa pureté et son mouvement, cette eau nettoie et donne au sol environnant l'humidité dont il a besoin pour vivre.

EXPÉRIENCE DU FLOT DE LA VIE

De nouveau, fermez les yeux. Respirez, détendez-vous.

Prenez le temps de regarder au plus profond de vous pour repérer l'eau fraîche du flot de votre vie. Quand vous l'avez trouvée, plongez-y pleinement. Elle vous fera renaître. Si vous ne parvenez pas à trouver d'emblée ce cours d'eau, invoquez-le à votre manière. Il est toujours là en vous. Il est l'essence de votre vie.

Respirez profondément puis, quand vous serez prêt, ouvrez les yeux.

*

Une rivière charrie le sol de son lit, ses berges et les matières organiques en décomposition de tout ce qui vit et meurt en elle. Le limon ainsi formé est un composé organique riche que la rivière dépose généralement au niveau de son embouchure, créant un delta ultra-fertile. Toute la civilisation égyptienne, passée et présente, repose sur les crues du Nil: son apport incessant d'eau et de limon fertile permet de cultiver ses berges en plein désert. C'est d'ailleurs l'absence de crues pendant plusieurs années qui causa l'effondrement d'un empire tout entier construit autour du Nil.

Les rivières resteraient pures sans les civilisations implantées le long de leurs berges, qui y déversent un flot continu de déchets toxiques. Les rivières emportent les sous-produits empoisonnés de l'existence humaine, ses péchés notamment. C'est à ce point de jonction entre la perfection de la nature et la faiblesse humaine que les rivières et les vies deviennent mythiques et symboliques.

Les rivières sont des vies, des êtres vivants à part entière, comme tous les autres objets naturels. Dans les mythes et les symboles, elles pénètrent la conscience humaine sous forme d'histoire et de leçons.

Toutes les grandes rivières du monde ont une identité qui influence les paysages humains qu'elles arrosent. Il suffit de mentionner le Nil, l'Amazone, le Mississippi, le Congo, le Danube ou le Gange pour évoquer l'atmosphère des décors qu'elles traversent. Prononcez le nom de la Tamise, de la Seine ou du Rio Grande pour qu'apparaissent dans votre esprit les lieux et les histoires qui les entourent. Les mythes et les légendes des rivières du monde physique donnent naissance à des rivières qui n'existent que dans notre imagination.

Laissez-moi vous donner deux exemples. Ce ne sont que les versions courtes de contes élaborés, mais vous allez comprendre l'idée.

On dit en Inde que le Gange est une rivière sacrée. C'est même la plus sacrée de toutes les rivières et les habitants du pays s'y rendent en pèlerinage, en cas de naissance ou de mort et pour se laver de leurs péchés.

Le Gange est apparu de la manière suivante. Un roi avait 60 000 fils, qu'il dut envoyer mener une quête. Au cours de celle-ci, les jeunes hommes dérangèrent inutilement la profonde méditation d'un grand sage. Le sage les réduisit en cendres d'un simple regard. Les 60 000 fils du roi devinrent des esprits troublés, incapables d'entrer au paradis, à jamais punis des conséquences de leur stupidité.

Un autre fils de ce même roi pria de tout son cœur que ses frères puissent être lavés de leur péché et libérés de leurs entraves. Les dieux entendirent sa prière. Brahma, le créateur du monde, recueillit la sueur des pieds de Vishnu, le défenseur du monde. À partir de ces gouttes sacrées, il créa la déesse Ganga et la chargea de descendre sur Terre pour purifier les cendres des 60 000 fils défunts, afin qu'ils puissent enfin entrer au paradis.

Ganga, vexée de cette tâche qu'elle jugeait inappropriée à son rang, décida de balayer la Terre entière sous trois immenses torrents – mais Shiva, le dieu de la destruction, bloqua les eaux sur son front et interrompit leur chute. Apaisée par le jeune fils du roi, Ganga le suivit jusqu'à la mer puis jusqu'au royaume des morts pour remplir sa mission.

En tombant sur terre, Ganga atterrit sur le mont Meru, considéré comme le centre de la Terre. Elle fit neuf fois le tour de la cité de Brahma, située au sommet du mont, avant de se diviser en quatre cours d'eau qui s'écoulent de la montagne dans les quatre directions cardinales. Ces quatre rivières prenant source au sommet du centre du monde créèrent la pyramide du monde qui flotte sur l'océan du cosmos.

L'arrivée de Ganga sur Terre sous forme de trois torrents et sa division en quatre rivières sont liées au mythe des sept fleuves sacrés, que les Hindous identifient aujourd'hui aux sept rivières du pays. Ses eaux ayant été touchées par Brahma, Vishnu et Shiva, la trimūrti (trinité) de l'Inde, le Gange incarnerait l'essence de la sainteté et purifierait donc tout ce qu'il touche.

Le Gange, rivière du monde réel, est entré dans la mythologie et est devenu un symbole. Voyons maintenant le cas d'autres rivières issues cette fois de la mythologie.

Dans la mythologie grecque, cinq fleuves coulent dans ou autour d'Hadès, le royaume des morts :

1. L'Achéron – fleuve du malheur, sépare le monde des vivants du monde des morts. Le passeur Charon, sur sa barque, emmenait les âmes défuntes jusqu'à Hadès, en un lieu gardé par Cerbère, un chien à trois têtes et à queue de dragon. Cerbère laissait entrer les âmes, mais ne les laissait jamais ressortir.

2. Le Cocyte – fleuve des lamentations. Pour franchir l'Achéron, l'âme devait payer Charon d'une obole, une pièce de monnaie, placée dans

la bouche du défunt avant sa crémation. Ceux qui ne pouvaient s'acquitter de cette somme devaient attendre cent ans sur les berges du Cocyte avant de rejoindre les flots de l'Achéron.

3. Le Phlégéthon – fleuve de feu, brûle sans combustible. Dans La *Divine Comédie* de Dante, le Phlégéthon est constitué de sang bouillant et appartient au septième cercle de l'enfer, réservé aux tyrans, aux meurtriers et aux individus violents.
4. Le Léthé – fleuve de l'oubli. Boire de son eau provoque une amnésie complète. Avant de se réincarner, les âmes devaient boire l'eau du Léthé pour ne pas se souvenir de leurs vies passées.
5. Le Styx – fleuve de la haine, fait neuf fois le tour d'Hadès. C'est dans cette rivière que la mère d'Achille le trempa quand il était enfant pour le protéger et lui donner l'immortalité. Seul le talon par lequel elle le tenait ne fut pas immergé. Cette petite vulnérabilité causa la mort d'Achille, touché au talon par une flèche empoisonnée.

   Ce fleuve était à ce point respecté des dieux qu'ils prêtaient serment « sur le Styx ». Si un dieu jurait sur le Styx, puis manquait à sa parole, il était forcé de boire l'eau du fleuve, dont le goût était si infâme qu'il en perdait la voix pendant neuf ans.

   Par la suite, à l'époque classique, les légendes du Styx et de l'Achéron furent fusionnées, de sorte que c'est sur le Styx que Charon conduit sa barque.

   Quatre des fleuves – l'Achéron, le Cocyte, le Phlégéthon et le Styx – débouchent dans un grand marécage, au cœur d'Hadès, où ils prennent fin.

Ces mythes et légendes n'apparaissent pas dans le tarot, mais ils jouèrent un rôle important dans la spiritualité de leurs époques. Le mythe du jardin d'Éden, en revanche, racontée dans les textes de la Kabbale, se retrouve dans le symbolisme du tarot. C'est un mythe immense et riche, chargé de fioritures et de sens. Nous n'aborderons ici que ce qui nous aidera à trouver les rivières du tarot, pour l'essentiel invisibles et aussi importantes qu'elles sont cachées.

La Kabbale dit qu'une rivière jaillit des racines de l'Arbre de Vie du jardin d'Éden. Cette première rivière se divise en quatre cours d'eau, chacun s'écoulant dans l'une des quatre directions cardinales. Chaque cours d'eau véhicule l'énergie de l'un des quatre éléments attribués aux lettres du nom de Dieu, le créateur du jardin. Il y a donc une rivière de feu, une rivière d'eau, une rivière d'air et une rivière de terre. Toutes apparaissent dans le tarot... mais où ? Selon la Kabbale, ces rivières finissent par quitter l'Éden pour former, grâce à leurs énergies, les quatre mondes qui composent celui que nous connaissons et qui font ce que nous sommes.

Dans le tarot, le monde créé par la rivière de feu est la suite de Bâtons. La rivière d'eau devient le monde de la suite de Coupes, la rivière d'air, celui de la suite d'Épées et la rivière de terre, celui de la suite de Pentacles.

MÉDITATION DE LA RIVIÈRE

Fermez les yeux. Respirez. Détendez-vous.

Plongez dans l'obscurité et restez-y quelques instants.

À présent, dans l'obscurité de votre propre conscience, visualisez l'une des quatre rivières – de feu, d'eau, d'air ou de terre – et sentez-la couler en vous. Continuez jusqu'à ce que la sensation devienne claire et forte. Souvenez-vous de cette sensation pour pouvoir la décrire par la suite.

Il est temps de revenir.

Reprenez conscience de votre environnement. Quand vous êtes prêt, ouvrez les yeux.

Les quatre rivières élémentaires se retrouvent donc sur les quatre suites, mais également sur d'autres cartes, de manière plus subtile encore. Prenez le temps de chercher parmi vos cartes la Grande Prêtresse, l'Empereur, l'Hiérophante, les Amoureux et le Chariot.

Vous le savez maintenant, chaque arcane majeur représente un chemin de l'Arbre de Vie kabbalistique, qui prend la forme de chacun des quatre mondes. Au centre de l'Arbre de Vie, se trouve un vaste espace, les Abysses. Les Abysses séparent le Divin à la fois de l'esprit et de la nature, le monde d'en haut du monde d'en bas. Cette division existe dans les quatre mondes, mais également en nous-mêmes.

Dans l'immensité des Abysses, coulent les cinq rivières d'Éden: la rivière mère et les rivières des quatre éléments. L'attribution astrologique de la Grande Prêtresse est la lune. Son chemin commence par Kether, la Couronne, au sommet de l'Arbre de Vie et se poursuit jusqu'à Tiphereth, la Beauté, le cœur spirituel de l'Arbre. La rivière de la Grande Prêtresse est celle d'où jaillissent toutes les autres.

L'attribution astrologique de l'Empereur est le Bélier. Sa rivière est la rivière de feu qui parcourt les Abysses de la Sagesse jusqu'à la Beauté. L'Hiérophante est le Taureau, sa rivière est celle de la terre et coule de la Sagesse à la Miséricorde. Les Amoureux sont liés aux Gémeaux, leur rivière est celle de l'air et relie la Compréhension et la Beauté. Le Chariot, enfin, se rattache au Cancer et à la rivière d'eau qui relie la Compréhension à la Force.

Ces cinq rivières, ces cinq voies, représentent tout ce qui relie le monde d'en haut et le monde d'en bas, dans l'Univers et en nous. Elles sont le ciment qui nous unit. Elles permettent à chacun de circuler librement entre son plein potentiel et ses errements. Elles sont les rivières cachées du tarot et les nôtres.

Regardez maintenant vos cartes et prenez celles qui contiennent des rivières visibles. Nous allons lister quelques-unes des fonctions des rivières et voir de quoi relève chaque carte.

Les rivières sont et ont toujours été:

- Des sources de nourriture et d'eau, d'hygiène et de pouvoir.
- Des frontières et des limites.
- Des obstacles et des défenses naturelles.
- Des axes de circulation et des points de repère.

Leur passage crée des paysages sublimes, parfois même époustouflants – canyons, gorges, cascades. Les rivières symbolisent le flux, le temporel et l'intemporel, le changement et l'immuabilité, la pureté, la transformation et la renaissance, la vie et la continuation de la vie. Elles abritent et même incarnent des dieux, déesses et esprits en tout genre. Elles prêtent leur identité et leur caractère aux paysages, réels ou mystiques, qu'elles traversent.

CONTEMPLATION DES RIVIÈRES DU TAROT

Regardez les cartes que vous avez sélectionnées pour leurs rivières et assignez à chacune une ou plusieurs des fonctions que nous venons de nommer – ou d'autres qui vous viendraient à l'esprit.

Contemplez toutes ces rivières et leurs fonctions.

Appliquez à vos tirages ce que cette contemplation vous a appris : vos tirages et vous-même gagnerez en profondeur. Le service rendu à vos requérants sera plus grand encore qu'ils ne le pensent.

LES TOURS

Passons maintenant aux tours. À mesure que nous approchons de sa fin, notre étude des symboles du tarot prend un tour de plus en plus spirituel. Les symboles prennent sens, telles des formes émergeant dans la brume. Nous percevons des choses dont nous ignorions jusqu'à l'existence. C'est le cas des tours. J'espère que vous apprécierez leur découverte.

Certaines choses existent sans aucune aide de notre part. Le soleil brille dans le ciel, les rivières coulent d'amont en aval, les plans d'eau sont froids, sombres et profonds, les montagnes surplombent les plaines – et nous n'y sommes pour rien. Ces phénomènes ne veulent rien dire en soi.

D'autres choses existent parce que nous les avons créées. Les châteaux, les colonnes, les bannières et les couronnes remplissent les fonctions pour lesquelles nous les avons inventés. Elles n'existeraient pas sans nous.

Tous ces objets, naturels ou artificiels, sont réels et existent dans le monde réel, le monde physique. Ces mêmes objets sont aussi des symboles et existent, entre autres, dans l'univers symbolique du tarot.

Et nous avons besoin de ces explications. Notre corps physique et nos capacités habituelles n'ont aucun sens et n'expliquent rien. Ils font de nous des créatures parmi d'autres, rien de plus. Et, comme toutes les créatures, nous devrions nous satisfaire de ce que nous sommes. Dans une certaine mesure, et pour certains d'entre nous, cela est vrai.

Nous qui pratiquons le tarot connaissons cet état de satisfaction sur le bout des doigts. Il se matérialise sous les traits de nos requérants, dont le souhait premier est d'améliorer leur expérience personnelle dans le monde physique – non de la transformer ou de l'expliquer.

Or, une part de nous ne s'en contente pas. Nous percevons les mystères du monde et de notre être. Nous posons des questions, nous avons des ambitions. Nous estimons notre état naturel limité, insuffisant. Nous nions cette limite, à la fois intérieure et extérieure. Nous cherchons le contrôle – intérieur et extérieur.

De tous les symboles du tarot, la Tour est sans doute le plus grand symbole de notre mécontentement et de notre quête de maîtrise, de pouvoir.

La tour s'élève en dépit d'une force opposée, la gravité. Ce phénomène naturel, qui nous retient au sol, est le symbole ultime de la contrainte. On pourrait dire que la gravité symbolise la force du statu quo, des choses telles qu'elles sont. Sous l'influence de la pesanteur, la nature change dans le détail, jamais dans son essence. La gravité est le pouvoir du réel. Elle définit l'attraction naturelle des objets entre eux. Elle fait comprendre à tous les êtres vivants, sans équivoque, que tout finit par retomber et que cette descente mène toujours au centre. L'univers physique repose littéralement sur cette orientation descendante, qu'on pourrait qualifier d'intrinsèquement féminine. Dans la terminologie du tarot, elle caractérise la terre et l'eau, les pentacles et les coupes.

Les tours, masculines, sont des symboles de transformation. Elles se rebellent contre la nature, elles combinent le feu (la volonté) et l'air (l'intelligence) pour dresser l'univers matériel vers le haut, malgré la gravité.

Les tours expriment la fierté, le pouvoir, l'ambition et la capacité à s'élever au-dessus de la nature. Parce qu'elles ne peuvent être construites par un individu seul et parce que leur construction exige énormément d'argent, de savoir-faire et de temps, elles suggèrent que l'inclination de l'être humain pour la verticalité n'est pas un élan isolé mais qu'elle imprègne toute l'humanité.

Bien sûr, la verticalité existe dans la nature. Malgré tout, celle-ci a plutôt tendance à être plate, basse, ancrée, flottante ou tombante. Toutes les créatures de la Terre, y compris les êtres humains, les poissons et les oiseaux, vivent à la surface de la Terre.

Les poissons peuvent se mouvoir dans l'eau vers le haut ou vers le bas, tout comme les oiseaux dans les airs. Ils sont portés par leurs corps et peuvent s'élever ou plonger à leur guise, de même que les créatures terrestres peuvent escalader arbres et montagnes. Tous, cependant, restent contraints par leurs limites physiques.

Seul l'être humain parvient à résister à la contrainte de la gravité – et pour s'élever au-dessus de la surface de la Terre, son réflexe premier est de bâtir des tours. Les tours proclament la réticence des hommes vis-à-vis des limites.

Les manifestations du monde physique sont toujours représentées et perçues comme un flux magique ou spirituel venu d'en haut. La tour renverse ce processus : on la construit du bas vers le haut. Elle inverse la direction de l'énergie.

En dressant une tour, un bâtisseur cherche sa propre élévation. Il ne dépend de rien ni de personne d'autre que lui-même. Il génère et manifeste son propre pouvoir. Il donne et reçoit en même temps. Même dans le cas d'un édifice sacré, comme la tour ou le clocher d'une église, une pagode, un minaret ou une ziggurat, l'élévation de la structure clame la force triomphante du bâtisseur. C'est l'essence même de la légende de Babel, dans laquelle Dieu rejette la fierté, la rébellion et l'authentique pouvoir des hommes.

L'être humain construit des tours depuis l'Antiquité – parfois impressionnantes, même au regard de nos normes contemporaines.

L'obélisque de Louxor, un monolithe de granite rose de 22 mètres de haut et de 230 tonnes, érigé il y a plus de trois mille trois cents ans, commémore les règnes de Ramsès II et Ramsès III. Il fut offert à la France par le vice-roi d'Égypte en 1829 et orne à ce jour la place de la Concorde, à Paris.

La ziggurat d'Etemenanki, dédiée au dieu Marduk, était une tour de sept étages, 90 mètres de large et 90 mètres de haut. Elle fut construite à Babylone au VIIe siècle avant Jésus-Christ, soit il y a près de trois mille ans.

Le colosse de Rhodes, sur l'île du même nom en mer Égée, date de trois cents ans avant notre ère. Cette statue de bronze de plus de 30 mètres de haut reposait sur un socle de fer de 15 mètres. Elle fut l'une des sept merveilles du monde antique et servit d'inspiration au sculpteur français Auguste Bartholdi lorsqu'il créa la statue de la Liberté : les deux statues avaient exactement la même taille, la même posture et la même fonction dans leurs ports respectifs.

Le phare d'Alexandrie fut construit à peu près à la même époque que le colosse de Rhodes, au IIIe siècle av J.-C., sur l'île de Pharos, à quelques encablures d'Alexandrie et de la côte égyptienne. Il était composé de blocs de pierre blanche et atteignait 135 mètres de haut.

Ce ne sont là que quelques exemples des grandes tours de l'Antiquité. Je les mentionne ici, car ce sont les plus connues de nos jours.

À l'époque moderne, nous avons construit de nombreuses tours dépassant 300 mètres de haut et même des tours de transmission de plus de 600 mètres. Un gratte-ciel de 828 mètres s'élance dans le ciel dans les Émirats arabes unis depuis 2008. Il fut un temps question de construire une tour solaire en Nouvelle-Galles-du-Sud, en Australie, de 980 mètres de haut – un projet techniquement réalisable. Des gratte-ciel de 1 200 mètres de haut sont à l'étude.

L'utilité de ces tours modernes est contestable, mais leur implication freudienne est évidente et implacable. L'élan et l'énergie à l'œuvre dans la construction de ces structures extrêmes sont sexuels, phalliques, mais tout à fait nombrilistes et, en un sens, masturbatoires. C'était peut-être vrai aussi des tours de l'Antiquité. Elles incarnaient des egos et vantaient la capacité de leurs bâtisseurs à rassembler des ressources et des technologies considérables. Leur gloire rejaillissait sur les communautés qui les avaient construites en affirmant leur richesse et leur puissance.

Néanmoins, la plupart des tours sont de taille plus modeste et ont une utilité pratique.

- Elles propagent le son et la lumière, dans le cas des clochers et des phares.
- Elles augmentent les distances de communication, dans le cas des lanternes et des feux de reconnaissance d'autrefois, et des antennes radio ou TV actuelles.
- Elles servent de forteresse, de prison, d'entrepôt, de cheminée, de terrain d'expérimentation.
- Elles donnent l'heure, permettent de faire le guet et soutiennent des lignes électriques.
- Elles permettent le contrôle et le guidage des avions dans les aéroports, et des bateaux dans les ports.
- Elles sont « d'ivoire » pour ceux qui s'isolent volontairement ou qui cherchent à travailler sans être interrompus.

En bref, elles permettent de vivre, d'observer, de communiquer, de soutenir, de stocker, de défendre, d'emprisonner, d'isoler et d'expérimenter.

Les tours du tarot ont les mêmes fonctions et implications que celles que nous venons de décrire. Regardez vos cartes et cherchez celles figurant une tour. Ensuite, attribuez à chacune de ces tours une ou plusieurs des fonctions présentées plus haut – ou d'autres qui vous viendraient à l'esprit.

Réfléchissez à ce que vous avez appris dans cette partie et appliquez ces enseignements à vos tirages ainsi qu'à vous-même. C'est une tâche véritablement difficile et subtile mais, si vous la menez correctement, vous en serez grandement récompensé.

VOYAGE VERS LES TOURS DE LA LUNE

Terminons par un voyage. Vous allez faire l'expérience de la tour, qui rendra ce que vous venez de découvrir plus personnel, plus immédiat, plus utile. Cherchez dans votre tarot la carte de la Lune. Placez-la devant vous, face visible, et reposez les autres.

Regardez attentivement l'image. Examinez tous ses détails et ancrez-les en vous, de manière à vous en souvenir une fois les yeux fermés.

Quand vous êtes prêt, fermez les yeux. Visualisez le paysage de la Lune et tout ce qui le compose.

Ouvrez les yeux et regardez de nouveau la carte. Un élément vous a-t-il échappé ?

Une fois encore, mémorisez la carte dans le détail. D'ici quelques secondes, vous allez pénétrer dans ce paysage pour y vivre une aventure.

Fermez les yeux. Respirez. Détendez-vous.

Entourez-vous de cette obscurité. Apaisez-vous.

Devant vous, dans le noir, apparaît une lumière. Avancez vers elle.

Cette lumière est celle de la lune qui brille dans le ciel de la Lune, elle vous parvient depuis la carte. D'ici quelques instants, vous allez entrer dans ce paysage. Allez-y sur la prochaine inspiration.

Vous êtes sur le chemin qui commence au bord du bassin. Suivez ce chemin jusqu'aux deux tours. Bien qu'aucun accès ne soit visible, il y a une porte au bas de chaque tour. Choisissez-en une et entrez.

Explorez la tour et tout ce qu'elle contient. Laissez arriver ce qui doit arriver. Vivez l'expérience. Savourez.

Il est temps de revenir. Quittez la tour et refaites le chemin en sens inverse jusqu'au point d'entrée du paysage. Restez un instant sur le seuil. Dans quelques secondes, vous franchirez ce seuil pour revenir à votre apaisante obscurité intérieure. Allez-y sur votre prochaine respiration.

Flottez quelques instants dans cette obscurité. Respirez. Détendez-vous.

Tout en flottant, contemplez tout ce que vous avez vu, entendu, pensé et vécu à propos des tours dans cette partie.

Il est temps de revenir tout à fait. Reprenez pleinement conscience de votre environnement. Prenez une respiration profonde puis, quand vous êtes prêt, ouvrez les yeux, tout en conservant cet état méditatif.

Passez les prochaines minutes à écrire les éléments marquants de votre expérience et de votre contemplation.

LES ANGES

Bienvenue dans cette section dédiée aux anges dans le tarot. Cette partie sera quelque peu différente de ce que nous avons fait dans ce chapitre. Jusqu'à maintenant, le sujet était toujours un symbole, un objet du monde réel dont nous avons commencé par définir le sens avant d'intérioriser ce qu'il décrivait de nous-mêmes. Cette fois, nous allons voyager vers des royaumes et des êtres qui, tout en étant au-delà du monde réel et au-delà de nous-mêmes, nous affectent et nous influencent. Nous allons nous poser des questions difficiles, interroger nos croyances. Pour terminer, nous procéderons à l'ancrage de toutes les notions découvertes.

Commençons, comme souvent, par quelques questions. Cette partie porte sur les anges, ce qui amène une première question : les anges existent-ils vraiment ? Y croyez-vous ? Que croyez-vous à leur sujet ?

Ces trois questions semblent différentes, mais il s'agit en réalité d'une seule et même interrogation, envisagée sous trois angles différents.

Deuxième question : qu'est-ce qu'un ange ?

Même si vous ne croyez pas aux anges et à leur existence, d'autres y croient sans doute : que sont les anges pour eux, à votre avis ?

La troisième question est celle-ci : à quoi reconnaît-on un ange ?

Il se pourrait que les anges existent, mais pas dans le monde réel, le nôtre, sauf peut-être en tant que visiteurs occasionnels. Ce qui nous amène à la quatrième question : si les anges existent en dehors de notre réalité, où existent-ils alors ? Est-il des lieux et des situations qui existent sans être réels ? Comment est-ce possible ?

Ce que nous apprend le tarot, depuis quelque temps maintenant, c'est que cela est non seulement possible, mais aussi nécessaire. L'ultime enseignement des anges dans le tarot est que beaucoup de choses existent et se déroulent en dehors de notre réalité. D'ailleurs, le mystère de cette réalité pourrait bien être le plus grand de tous ; sans doute pourrait-il n'être percé que dans un contexte plus vaste. Cette information est loin d'être anodine et il vous faudra peut-être quelque temps pour en prendre la mesure.

Voici un corollaire intéressant : le vrai et le réel désignent deux choses différentes. Une chose peut être vraie sans être réelle. Ce sont deux contextes différents, chacun répond à ses propres lois et engendre des résultats différents. Peut-être que les anges existent en vrai et pas dans la réalité, peut-être qu'ils n'affectent la réalité que dans des circonstances bien particulières. Ou peut-être y a-t-il un lien entre le vrai et le réel, que les anges pourraient contribuer à élucider.

Qu'ils soient vrais, réels ou rien de tout cela, les anges ont bel et bien une place dans notre monde. Ils existent dans la religion, la magie, la philosophie, l'art, la psychologie, l'histoire. Nés avec le judaïsme au Moyen-Orient, ils ont pénétré le christianisme, l'islam et l'hermétisme, qu'ils imprègnent encore à ce jour.

Les anges font leur apparition dans l'Ancien Testament, où ils sont appelés « *malachim* » – « messagers » en hébreu. Ils apparaissent à trois reprises, remplissent la mission que leur a confiée Dieu et repartent – en toute discrétion. La religion juive prohibant les icônes, ils ne sont ni clairement décrits ni physiquement représentés. Jusqu'au début du christianisme, les anges étaient de simples énergies divines, sans existence autonome. Ce n'est qu'ensuite, dans le Talmud, le Midrash et la Kabbale, qu'ils se font de plus en plus nombreux, portent des noms et des attributs et deviennent les personnages centraux de plusieurs récits religieux.

Les anges évoluent, comme le reste, et connaissent deux développements majeurs. Les messagers tout juste mentionnés dans l'Ancien Testament cèdent la place, au début du christianisme, à des êtres nommés, décrits, dotés d'attributs et même, dans une certaine mesure, d'une personnalité. On doit notamment cette immense évolution à un livre anonyme, le puissant et influant *Livre d'Hénoch*, rédigé entre -200 et 200.

L'idée que nous nous faisons des anges découle principalement de ce livre, qui raconte l'ascension du prophète Hénoch au ciel et ce qui lui arrive là-haut. Hénoch lui-même devient Métatron, c'est-à-dire l'ange au sommet de la hiérarchie des anges. L'ouvrage nomme et décrit également sept archanges, dont les quatre qui apparaissent dans le tarot.

Pour les premiers pères chrétiens, le *Livre d'Hénoch*, cité par le Zohar comme source de la magie kabbalistique, est d'origine divine. L'ouvrage inspire également les rituels et les enseignements de la franc-maçonnerie, et sans doute la magie rituelle occidentale dans son ensemble. Peu d'ouvrages ont l'honneur d'être valorisés par tant de traditions habituellement opposées les unes aux autres.

Quelques centaines d'années plus tard, l'angélologie fait un grand bond en avant avec la création de plusieurs hiérarchies d'anges – une façon de classifier et d'organiser ces créatures désormais nombreuses. La plus connue de ces hiérarchies est signée Pseudo-Denys. Il s'agit probablement d'un nom de plume rassemblant plusieurs auteurs anonymes des Vᵉ et VIᵉ siècles de notre ère. Cette hiérarchie consiste en neuf chœurs, neuf cercles concentriques. Ces chœurs sont divisés en trois groupes de trois, plus puissants et plus influents à mesure qu'ils se rapprochent du centre – de Dieu. Ces neuf chœurs sont les suivants :

1. Séraphins
2. Chérubins
3. Trônes
4. Dominations
5. Vertus
6. Puissances
7. Principautés
8. Archanges
9. Anges

Le premier groupe est composé des séraphins, des chérubins et des trônes. Ils forment la cour la plus rapprochée, la plus élevée, la seule à être en contact direct avec le centre divin.

Le deuxième groupe est constitué des dominations, des vertus et des puissances. Il reçoit la parole divine des anges du premier groupe et la transmet au troisième, composé des principautés, des archanges et des anges, qui à leur tour transmettent les instructions à l'humanité, avec laquelle ils interagissent directement.

Chaque chœur d'anges a des devoirs et responsabilités propres.

Les séraphins, tels que les décrit le Midrash, étaient à l'origine des dragons cracheurs de feu qui vivaient dans les sphères supérieures du ciel. Promus au rang d'anges, ils conservèrent leur lien avec le feu – mais il s'agissait cette fois du feu de l'amour de Dieu, la force originelle de la création. Les séraphins sont rarement, si ce n'est jamais, directement perçus par les humains.

Les chérubins sont ceux qui prient et qui savent tout. Scribes du Livre de la Vie, ils tiennent les registres divins. Ils sont les gardiens de l'arbre de la connaissance du jardin d'Éden. Ce sont eux également qui conduisent le char divin.

Les trônes sont le char divin : ils constituent un trône mobile sur lequel s'assoit la forme divine, que seules peuvent apercevoir les âmes pures.

Les dominations gouvernent : ces anges régulent les devoirs et les activités de toutes les forces, qu'elles soient naturelles ou angéliques.

Les vertus sont la source des miracles et des grâces.

Les puissances assurent la protection divine. Ces guerriers à l'affût traquent les noires créatures qui vivent sur Terre et dans les cieux.

Les principautés sont les anges qui veillent à la destinée et aux activités des tribus, des cités et des nations humaines.

Les archanges sont, avant tout, les chefs des armées du ciel contre les forces du mal. Ils apportent les messages divins aux humains à qui ils sont destinés, comme les patriarches ou les prophètes, et exécutent sur Terre des missions divines. Ils sont également responsables des activités des anges gardiens et guident les âmes humaines vers leur accomplissement spirituel.

Les anges sont les plus intimes de tous les êtres angéliques, les plus proches de l'être humain. Ils transmettent nos prières au ciel et nous aident directement quand ils le peuvent. Il y a au moins un ange pour chaque individu ; on dit même qu'il y a un ange pour chaque étoile du ciel. Le nombre d'anges existants varie d'un théologien ou d'un angélologue à l'autre. Ils se comptent en millions ou en billiards – quoi qu'il en soit, ils existent en nombre suffisant.

Dans le tarot, n'apparaissent que les archanges Raphaël, Gabriel, Michel et Uriel – quatre des sept que cite le *Livre d'Hénoch*. Ces mêmes archanges se manifestent également dans plusieurs passages de la Bible.

Michel est celui que nous connaissons le mieux. Il a été repris par les trois religions occidentales ainsi que par la magie rituelle. Il est le guerrier qui, dans l'Apocalypse de Saint Jean, terrasse et emprisonne Satan. Il guide les âmes qui le souhaitent sur le chemin de l'illumination divine. Son nom signifie « qui est comme Dieu ».

Gabriel est l'archange des prophéties, des révélations et des résurrections. Il guide les âmes du royaume des esprits vers le ventre maternel dans lequel elles s'incarnent, puis les réveille de nouveau du sommeil des morts. C'est lui qui annonce à Marie l'arrivée de Jésus et qui dicte le Coran à Mohammed. Son nom signifie « Force de Dieu ».

Raphaël est le guérisseur, celui qui réconcilie et réunit tout ce qui est blessé, malade, brisé, dysfonctionnel. Son nom signifie « Guérisseur de Dieu ».

Uriel est le messager par qui arrivent la punition et le salut. Il est une force de feu et de transformation. Il aurait averti Noé du déluge et punit Moïse de son péché par omission. On dit que les anges auraient donné la Kabbale à l'humanité, et que c'est Uriel en particulier qui fut chargé de cette mission. C'est encore lui qui protège les portes d'Éden de son épée. Son nom signifie Lumière de Dieu.

Vous pensez peut-être être prêt à examiner le rôle des anges dans le tarot… presque. Avant de nous y pencher, revenons aux questions soulevées au début de cette partie.

Qu'est-ce qu'un ange ? À quoi le reconnaît-on ? Dans quel monde, quel contexte vit-il ? Quelle est sa fonction dans la structure de la création ?

Voici quelques brèves réponses possibles à ces questions. Ce ne sont que des suggestions, rien de définitif ne pouvant être affirmé, mais elles pourront vous être utiles et vous donner matière à réflexion.

1. Qu'est-ce qu'un ange ?

Au départ, comme nous l'avons dit, les anges n'étaient que rarement et brièvement mentionnés. Ces messagers divins, ni nommés ni décrits, étaient le prolongement de Dieu, ils n'avaient pas d'existence propre.

Avec le temps, ils devinrent des êtres d'énergie semi-autonomes, porteurs de noms divins. Ils résolvent les problèmes tout en étant capables d'erreur, de rébellion et d'ennuis. Ils sont invoqués dans les rituels de magie et dans les prières de ceux qui implorent leur aide.

2. À quoi les reconnaît-on ?

Les mentions écrites minimalistes d'origine ont fini par laisser place à des représentations visuelles. L'art religieux a d'abord fait des anges des formes éthérées, vaguement masculines, puis des formes humaines puissantes dotées d'ailes et d'habits modestes, sans genre évident, mais plutôt masculin par nature. Sont ensuite apparus des silhouettes enfantines et féminines, des ailes grandioses et des halos. C'est à la Renaissance que la représentation des anges atteint son apogée avec des formes et des couleurs glorieuses. Celles-ci s'atténuent ensuite pour aboutir à nos représentations actuelles : de jolies femmes et des enfants vêtus de blanc, surmontés d'un halo et parés d'ailes blanches pareilles à celles des cygnes.

3. Dans quel monde, dans quel contexte vivent-ils ?

Bien que chacun ait sa propre intuition sur le sujet, la réponse religieuse officielle est que les anges occupent les sept (ou davantage) cieux qui séparent l'être humain de Dieu. Ils peuvent affecter le monde réel et ceux qui y vivent, mais eux-mêmes n'y résident pas.

4. Pourquoi les anges ont-ils été créés ? Quelle est leur fonction ?

Voilà une question que nous n'avons pas abordée en début de cette partie parce que c'était alors prématuré. La réponse n'est pas explicitement donnée par la littérature consacrée à l'angélologie, mais elle est assez simple. Les anges ont pour mission de transmettre les souhaits, les ordres et les décrets divins. Ils constituent, en somme, la bureaucratie exécutive de Dieu.

Une analogie pour mieux comprendre : imaginez la structure formelle du gouvernement de votre pays – avec ses leaders, ses régulateurs, ses juges et le reste des individus impliqués dans son fonctionnement. Tout ce que cette structure édicte, requiert, exige ou commandite n'existerait pas, ou n'aurait aucun impact, si personne ne le mettait en application. Toute loi, tout ordre doit être exécuté. Voilà le rôle de la bureaucratie – et celui des anges dans la structure de la création. Les anges exécutent les décisions divines.

*

Maintenant que nous avons succinctement répondu à ces questions, revenons au tarot et penchons-nous sur nos quatre archanges – Raphaël sur la carte des Amoureux, Michel sur celle de la Tempérance, Uriel sur celle du Diable et Gabriel sur celle du Jugement. Ces mêmes anges sont réunis sur la Roue de la Fortune et le Monde : Raphaël (air) est l'homme en haut à gauche, Gabriel (eau) l'aigle en haut à droite, Michel (feu) le lion en bas à droite et Uriel (terre) le taureau en bas à gauche.

Quand un archange apparaît dans un tirage, quel qu'il soit, s'il attire votre regard et votre attention, vous pouvez raisonnablement vous dire d'une part qu'il a un message particulier pour vous et, d'autre part, que la situation étudiée est en train d'évoluer. D'une façon ou d'une autre, des forces œuvrent à son dénouement prochain. Le type de message et de dénouement dépend de l'ange.

TIRAGE DE L'ANGE

Il est temps de mettre en pratique tout ce que nous avons évoqué avec un tirage. Pour commencer, identifiez une question à laquelle vous avez vraiment besoin de répondre et écrivez-la.

Envisagez de nouveau votre question. Assurez-vous qu'elle exprime précisément ce que vous souhaitez savoir. Reformulez-la au besoin.

Une fois votre question définie, choisissez un tirage pour y répondre (vous pouvez en choisir un que vous connaissez ou en créer un autre).

Prenez ensuite les six cartes où figurent des anges – les Amoureux, la Roue de la Fortune, la Tempérance, le Diable, le Jugement et le Monde. Mélangez-les et choisissez-en une. Placez cette carte face cachée devant vous. Vous l'intégrerez à votre tirage.

Remettez les anges restants dans le paquet de cartes, mélangez et tirez le reste des cartes dont vous avez besoin.

Disposez vos cartes selon le tirage choisi. Vous pouvez les placer face visible d'emblée, ou les disposer face cachée et les retourner une à une.

Interprétez les cartes de manière à répondre à votre question, en prêtant une attention particulière à la carte de l'ange. Cet ange a un message pour vous, distinct et complémentaire à toute autre information révélée par le tirage. Si un autre ange apparaît dans votre tirage, il vous délivrera un autre message.

Vous vous souvenez peut-être qu'au tout début de cette partie j'ai annoncé qu'il serait différent des précédents. Pourquoi ? Parce que les anges ne sont pas des symboles. Ce ne sont pas des faits communs et observables du monde physique auxquels nous donnons sens et que nous intériorisons. L'origine des anges tient en quelques mots dans l'Ancien Testament. À partir de ces mots, l'humanité a créé et élaboré les anges que nous connaissons aujourd'hui. Ce qui n'était qu'une suggestion est devenu une expérience intérieure matérialisée par les arts, les récits, les histoires.

EXPÉRIENCE DE L'ANGE

Avant de terminer cette partie, vous devriez tenter l'expérience de l'ange, si vous y parvenez, afin de lui donner une réalité.

Fermez les yeux. Respirez, détendez-vous.

Entourez-vous d'obscurité et marquez une pause.

Dans quelques secondes, vous allez commencer à chercher, dans l'obscurité de votre monde intérieur, l'endroit où vivent les anges en vous.

Allez-y.

Prenez votre temps. Ce lieu existe et vous pouvez le trouver.

Quand ce lieu s'ouvre en vous, entrez-y et faites pleinement l'expérience de ce qui s'y trouve. Si vous ne parvenez pas à le trouver ou que vous ne le souhaitez pas, profitez de cette obscurité intérieure pour vous éloigner de toute pensée, toute activité.

Il est temps de revenir.

Retournez ou restez dans votre obscurité intérieure. Laissez-vous flotter quelques instants.

Reprenez conscience de votre environnement.

Prenez deux respirations profondes. Quand vous êtes prêt, ouvrez les yeux.

Bon retour parmi nous !

LES TEMPLES

Bienvenue dans la partie sur les temples dans le tarot. Nous atteignons ici la fin d'un chemin, nous verrons où il nous a mené. Les temples sont plein de secrets, comme tous les autres symboles, mais les véritables secrets sont toujours invisibles, même quand ils se présentent face à nous.

Laissez-moi vous révéler le premier secret de cette partie : il n'y a pas de temple dans le tarot. Regardez vos cartes. Cherchez celles qui laissent deviner un temple, sans le montrer. Voyez si l'image vous permet de décrire ce temple – est-il intérieur, extérieur ? Qu'est-ce qui vous permet de dire que c'en est un ?

Qu'est-ce qu'un temple ?

À quoi le reconnaît-on ?

Un temple se reconnaît-il autrement qu'en le voyant ?

Officiellement, un temple est un édifice conçu pour le culte d'une divinité. « Temple » est un mot générique pour « église », « synagogue », « mosquée », « bosquet ». On trouve dans un temple un sanctuaire, où réside officiellement la divinité ; un officiant, disposant d'un espace de travail et de vie ; des instruments sacrés, exposés ou rangés ; un autel, c'est-à-dire une table ou une estrade de cérémonie, et enfin une image sacrée ou autre signe physique de la présence divine. Le temple dispose d'une entrée officielle et d'un espace pour accueillir les fidèles.

Un temple peut être une structure permanente et réservée au culte, ou un lieu temporaire installé et désinstallé selon les besoins, mais toujours formel dans son ordonnancement. Même les temples éphémères ont un officiant, un autel, des images et des instruments sacrés, une entrée et un espace pour accueillir l'assemblée.

Ces signes caractéristiques se retrouvent dans les temples du monde entier et dans toutes les civilisations – temple tribal ou cosmopolite, civilisation primitive ou hautement civilisée. Ils existent partout où les êtres humains reconnaissent l'existence, dans le monde et en eux, du Divin. Les temples sont partout et ont toujours été.

Chaque temple est un secret et contient un mystère. Si ça n'est pas le cas, alors ce n'est pas un temple. En outre, le mystère qu'il contient est plus facile à décrire et à comprendre que son secret.

Le mystère d'un temple est la présence de la divinité à qui il est dédié. Entrer dans un temple, c'est être en présence de ce mystère. Y prier, c'est s'immerger dans son mystère. Si l'immersion est suffisamment profonde, vous pouvez vous-même devenir ce mystère. Tout le monde ou presque a déjà vécu cette expérience et sait de quoi je parle.

Mais le secret qu'est le temple ne peut se plier à une description aussi simple et concrète.

Aussi sacré, purificateur et inspirant que soit le mystère du temple, il n'est que ce qu'il est. Les temples sont ici, le reste est ailleurs. Un voile invisible mais définitif sépare le sacré du profane. C'est la raison précise pour laquelle les temples existent. La lumière particulière qu'ils dégagent ne se diffuse pas au-delà de leurs portes. Les temples sont faits pour qu'on y entre et qu'on en sorte.

Les temples sont des constructions physiques. Ce sont des lieux réels que leurs bâtisseurs reconnaissent comme sacrés, tout comme les objets et les cérémonies qu'ils accueillent. Il y a deux mystères et le temple physique est le premier d'entre eux. Aucun effort de bâtisseur ne saurait en faire un mystère : il ne l'est que si une divinité choisit d'y résider.

Ce premier mystère est le « temple de pierre ». Il s'agit du nom symbolique donné à toute structure physique construite pour servir son dieu.

Beaucoup de traditions spirituelles, sinon toutes, affirment aussi que le corps est un temple. Lui aussi abrite un esprit divin et cet esprit fait du corps un lieu potentiellement sacré. Cependant, pour que le corps devienne un temple, il doit être éduqué et dédié à ce but sacré. Quand c'est le cas, quiconque entre en contact avec lui ressent une présence invisible.

C'est là le second mystère, le temple de chair. Toute personne qui le souhaite et qui travaille en ce sens peut devenir un temple de chair, une maison divine. Cela est vrai indépendamment de la divinité abritée par le corps. Si c'est votre souhait profond, vous pouvez devenir un temple.

Avec ce second mystère, la séparation entre l'intérieur (sacré) et l'extérieur (profane) est plus floue. La personne qui abrite un esprit éveillé ressemble à tout le monde, à cela près qu'elle rayonne d'une lumière continue, quoique indéfinissable. Le monde à proximité immédiate de cette personne semble différent et meilleur qu'à l'accoutumée. En sa présence, vous en prenez conscience sans forcément le savoir et vous vous sentez heureux d'être là.

Les mystères de ces deux temples sont les divinités, ressenties mais invisibles, qui les habitent. Sans cette présence divine, un temple ne contient aucun mystère. Il devient comme le reste, terriblement ordinaire. La pierre n'est que pierre. La chair n'est que chair.

Dans ces deux mystères, les temples ne sont que des carcasses. Le Divin y rentre et s'évanouit complètement, ne laissant derrière lui qu'une faible lueur qui rappelle sa présence. Cette lueur suffit à satisfaire les besoins de la plupart des gens.

Cette lueur, c'est précisément le mystère du temple. Mais alors, quel peut être son secret ?

L'être humain, vous peut-être, ressent parfois avec violence que le Divin peut être trouvé, qu'il n'est pas qu'un simple souvenir. Et telle la princesse qui embrasse un crapaud pour libérer un prince charmant emprisonné, votre regard éveillé touche le monde et sa banalité disparaît, pour vous laisser face à face avec votre dieu. Rien alors n'est jamais plus banal ni ordinaire. Le temple de pierre et le temple de chair ne se contentent plus d'abriter une présence divine : ils *sont* cette présence.

Vous êtes cette présence et tout ce que vous voyez et touchez devient cette présence. Voilà le secret du temple. On l'appelle le « temple de l'esprit ».

Accomplir une telle vision n'est pas rien, et c'est ici qu'intervient le tarot. Un temple n'est pas qu'une image tracée sur une carte. Le tarot tout entier est un temple. En lui rayonne la lueur de l'esprit pur, c'est là ce qui fait son attrait. Bien sûr, on ne peut pas véritablement voir cette lueur. Même ceux qui l'étudient ne la voient pas – mais ils la ressentent, de la même manière qu'un fidèle dans une église, une synagogue ou une mosquée.

Si vous avez conscience que le tarot est un temple, dont les murs sont faits non de briques ou de pierres, mais de symboles, alors vous avez fait la moitié du chemin qui vous permettra de devenir un temple de chair. Physiquement, vos connaissances vont commencer à vous faire rayonner. Les mots que vous direz à vos requérants seront justes. Votre interprétation des cartes sera correcte et précise. Tous les symboles qui composent la structure du tarot – leurs noms, leurs nombres, leurs représentations visuelles – s'exprimeront à travers vous, qui deviendrez un oracle de vérité.

Avec du temps, des efforts et de la détermination, il est possible de devenir un oracle, d'atteindre cet état. Mais aussi extraordinaire que cela paraisse, le meilleur est encore au-delà : c'est devenir ce qui parle à travers vous, c'est être ce que vous voyez et dites. Alors, vous dépasserez la connaissance des mystères du tarot – vous serez vous-même ce mystère.

Le temple, dans le tarot, est le temple du tarot. Tout ce que vous avez appris sur le tarot au fil du temps a façonné les pierres de ce temple. En ce sens, apprendre le tarot s'apparente à l'initiation des francs-maçons et des ordres hermétiques. C'est un processus d'illumination continu, qui relie ses parties dans une immense et surprenante unité.

Peu de personnes ont vu le temple du tarot ou en ont entendu parler. C'est peut-être que vous ne le voyez pas encore ou que vous ne le souhaitez pas. Mais, si c'est le cas, ce temple peut vous apporter des connaissances et des compétences stupéfiantes qui transformeront votre vie tout entière.

Tout ce que nous avons dit dans cette partie a peut-être allumé une petite étincelle en vous – à moins que ce ne soient que des mots, que des paroles. Avant de conclure, faisons ensemble une expérience qui vous aidera à donner une réalité au tarot en tant que temple.

CONSTRUIRE LE TEMPLE DU TAROT (1RE PARTIE)

Dans quelques instants, vous allez commencer à construire, en conscience, la carcasse de votre temple à partir de ce que vous connaissez déjà, du moins en partie. Lisez toutes les instructions avant de commencer.

Commencez par nommer, dans l'ordre, tous les arcanes majeurs. Visualisez chaque fois le numéro de la carte et ce qu'elle représente. Si un ou plusieurs arcanes ne vous reviennent pas, passez à la carte suivante.

Quand vous avez fait le tour des arcanes majeurs, passez en revue tous les arcanes mineurs, figures comprises, en nommant mentalement le numéro ou le nom de la carte et de sa suite et en visualisant chaque carte aussi clairement que possible. Faites une suite après l'autre, dans l'ordre de votre choix.

Prenez votre temps. Terminez cette tâche, si vous le pouvez, en une seule séance.

Fermez les yeux. Respirez, détendez-vous.

Allez-y, vous pouvez commencer.

Chaque fois que vous nommez et visualisez une carte, une pierre arrive, prête à être assemblée aux autres pour former un temple.

ANCRAGE DES NOTIONS

Bienvenue dans notre ancrage des rivières, tours, anges et temples dans le tarot. Ces quatre symboles capturent l'essence de l'hermétisme, tout entier contenu dans la maxime « En haut comme en bas » – *As above, so below*. C'est là la phrase la plus célèbre de l'ésotérisme. Si le tarot renferme un peu de magie, s'il est empreint de pureté et d'esprit, ce sont ces quatre mots qui les distillent.

As above, so below – quatre mots pour résumer toute la création.

Ces quatre mots, quoique immenses, sont aussi trop petits. Nos quatre symboles révèlent tout ce qu'ils contiennent, et plus encore. À vrai dire, quand on comprend leur sens, on comprend tout.

Cette leçon aborde des thèmes potentiellement dangereux, qui pourraient venir bousculer les perceptions auxquelles vous tenez le plus. Dans la magie occidentale, dans les trois grandes religions monothéistes, tout comme dans les nombreuses hypothèses auxquelles nous souscrivons à notre insu, l'en haut et l'en bas sont au cœur de tout. L'esprit, le Divin, Dieu, le Soi le plus pur vivent très haut, très loin de nous. Le corps, la nature physique, l'ego, le Soi le plus médiocre et le plus faible vivent ici-bas. Le cycle de la chair et de l'esprit représente le mouvement descendant de l'esprit et celui ascendant de la matière – le fameux moteur réciproque d'émergence et de retour dont nous avons si souvent parlé.

Les rivières

En réalité, l'émergence comme le retour représentent le mouvement descendant de l'esprit. Cela correspond au symbole de la rivière dans le tarot. Le flux sans fin de l'esprit abreuve le jardin du monde, le remplit de bonté et de richesses, lui donne vie. Se laisser porter par le courant de cette rivière, c'est être en harmonie avec l'intention divine. Suivre la rivière jusqu'à ce qu'elle se jette en apothéose dans la mer, c'est parvenir au bout du voyage retour sans dériver.

Dans le tarot, les rivières évoquent l'harmonie et la fluidité, la purification et l'enrichissement. C'est laisser le cours des choses évoluer et advenir. C'est un véritable acte de foi que de les laisser atteindre leur conclusion naturelle sans prendre peur ni sans (trop) s'en mêler.

Les rivières emportent et canalisent les innombrables ruisselets que sont les événements et drames mineurs. Ainsi le karma s'écoule-t-il, laissant derrière lui un paysage neuf.

La leçon à retenir des rivières dans le tarot est que les ennuis se diluent et que les problèmes se résolvent pour peu que vous arriviez à vous laisser porter par les intentions de l'Univers.

Les tours

Si les rivières répondent aux lois de la gravité, les tours les défient. Les rivières coulent du haut vers le bas, de l'amont vers l'aval, les tours s'élèvent du sol vers le ciel. Elles expriment l'effort. Ce sont des symboles d'insatisfaction.

Pour leurs bâtisseurs, ce qui *est* ne suffit pas : ce qui *peut être* est plus tentant. Le futur vaut mieux que le passé ou le présent. Le travail, le savoir-faire, le talent, les difficultés rencontrées et surmontées mènent à l'amélioration de soi et du monde. Le paradis n'est pas donné, il se conquiert.

Les tours se dressent vers des objectifs lointains. Concevoir une tour, c'est assumer un obstacle, un problème, une difficulté. La terminer, c'est remporter une victoire sur les choses telles qu'elles sont. Les tours défient l'entropie, qui désigne la tendance des systèmes à dégringoler vers le chaos.

Les tours du tarot symbolisent notre ambition. Elles supposent que nous ayons foi en nos propres compétences et en notre volonté de créer ce dont nous avons besoin. Elles affirment que les problèmes ne disparaissent pas d'eux-mêmes : il faut les affronter. Leur message est celui-ci : planifiez. N'abandonnez pas. Visez un objectif, atteignez-le et il sera vôtre de plein droit.

La Tour est symbole de succès. Le Divin n'est que la source du problème que votre tour vise à surmonter.

La rivière est à la tour ce que le Divin est à l'humain, ce que le flux est à l'effort, ce que la nature est à l'artifice, ce que l'organisme est au mécanisme. Cette disparité apparente, tout intense qu'elle soit à l'origine, se fond à peu près sans heurts dans notre conscience quotidienne, dans nos gestes journaliers. Les énergies combinées d'en haut et d'en bas font de nous ce que nous sommes et ce que nous avons conscience d'être dans le monde physique.

Ce qui nous amène à ce qui échappe à notre vue et à notre conscience.

Les anges

Les anges n'appartiennent ni au monde d'en haut ni au monde d'en bas. Ils vivent et agissent dans un monde intermédiaire. Ils ne s'élèvent ni ne tombent, ils ne travaillent ni ne suivent le cours des choses. Ils sont les serviteurs à la fois de Dieu et de l'homme, mais eux-mêmes ne sont ni divins ni humains. Ils n'échouent pas plus qu'ils ne réussissent.

Ils ne commencent pas, ils n'adviennent pas. Ils n'ont ni but ni direction, ils ne font pas les voyages de l'émergence et du retour – mais peuvent aider ceux qui s'y engagent.

Un ange est, en quelque sorte, un garçon d'ascenseur. Il a une tâche à accomplir et il se soucie peu de l'étage auquel vous descendez ni de ce que vous allez y faire. Il vit sa propre vie. C'est ce qu'il faut comprendre pour comprendre les anges. Ils vivent leur propre vie… ce qui ouvre la porte à des questions délicates.

Est-ce vrai ? Ont-ils une existence à part entière ? Existons-nous indépendamment de la source divine, les anges existent-ils indépendamment du Divin et de l'humain ?

Chacun se doute que notre présence ne se résume pas à une succession d'étages sans rapport les uns avec les autres – Dieu en haut, nous en bas et les anges au milieu. Un agencement simple, mais sans doute quelque peu maladroit.

Les anges du tarot sont là pour nous rappeler que le monde d'en haut et celui d'en bas ne permettent pas de tout expliquer. Ces deux mondes ne suffisent pas : il en faut au moins un troisième pour les relier.

Les anges sont là pour servir, or, pour servir, ils doivent être invoqués. Ils doivent être appelés – soit d'en haut, soit d'en bas – et quand ils sont appelés, ils ont pour obligation d'apparaître. C'est là leur pouvoir dans le tarot.

Appelez un ange dans vos tirages comme vous l'avez appris et il apparaîtra. Si un ange apparaît sans que vous l'ayez invoqué, c'est qu'il vous a été envoyé. Les anges sont les messagers du pouvoir. Les appeler et les recevoir, c'est faire preuve d'une compréhension profonde, même si les usages et responsabilités du pouvoir des anges dépassent le cadre de cette partie. L'existence même d'un tel pouvoir est un secret, l'un des nombreux que renferme le symbolisme des cartes.

Les temples

Est-il surprenant que l'un des plus grands secrets du tarot soit contenu dans un symbole qui n'est même pas visible ? Le temple, dernier symbole de notre série, est un tout autre monde encore à ajouter à ceux d'en haut et d'en bas.

En son sein, se trouve tout ce qui est : le monde d'en haut, celui d'en bas et celui du milieu. C'est là son mystère. Le secret du temple est que tout, absolument tout, *est* un temple. Et le secret du temple dans le tarot est que le tarot, lui aussi, *est* un temple – chaque carte, chaque signification, chaque tirage.

Le secret du temple le transforme, de sorte que rien de ce qui s'y trouve n'est ordinaire. Vous vous rendez compte que tout est nimbé d'une lumière sacrée. Ce qui nous amène à un second secret, le plus grand de ceux que nous avons abordés et le plus dangereux à comprendre.

La lumière qui émane du temple n'est pas sacrée. Son origine n'est pas divine, puisque le Divin lui-même est présent dans le temple, en même temps que le reste. Non : la lumière qui inonde le temple est la présence du mystère dans lequel il est tout entier plongé.

Le temple de l'être, comme tout ce qu'il contient, est un mystère. Ce dernier s'en écoule à l'infini dans toutes les directions – irrépressible, inexplicable, implacable, intact.

Un temple contient l'explication de tous les mystères possiblement concevables. Ses murs sont faits de nos explications. Ils servent à nous protéger de l'immensité écrasante de ce qui nous échappe. *Ain Soph*, le « sans limites » que la Kabbale nomme sans pouvoir rien en faire, est une tentative de toucher, avec précaution et d'un doigt incertain, ce qui nous échappe.

Le temple qui nous contient contient tout ce que nous pouvons nommer. Le tarot sert de modèle à ce temple. Il est fait des grandes explications apportées par la spiritualité, la psychologie, la magie, la tradition. Aussi pesantes ou laborieuses que soient ces explications, le tarot parvient à les porter et à les rendre légères.

Quand vous tirez les cartes, soyez conscient, si vous le pouvez, que vous manipulez un mystère à plusieurs composantes. Vous et votre requérant êtes des mystères, de même que toute situation qui vous concerne. Soyez conscient, autant que possible, de votre véritable statut et laissez vos tirages s'emplir de lumière.

Nous touchons à la fin. Il ne me reste rien ici à ajouter. Toutefois, avant de nous quitter…

TIRAGE DES TÉNÈBRES VIVANTES

Fermez les yeux. Respirez, détendez-vous.

Plongez dans les ténèbres. Prenez le temps nécessaire pour que l'obscurité soit complète et installez-vous-y.

Prenez conscience que ces ténèbres sont vivantes et conscientes. Cherchez-y le pouls de votre propre conscience. Soyez lent et minutieux.

Les ténèbres sont totales et vous englobent.

Rien ne vous en sépare.

Il n'y a plus aucune différence entre le monde d'en haut et celui d'en bas.

Ici est pareil à là-bas.

Maintenant est pareil à tout à l'heure.

L'intérieur est pareil à l'extérieur.

Vous êtes une obscurité vivante.

Faites-en pleinement l'expérience.

D'ici quelques instants, vous allez ouvrir les yeux et voir le monde, tout en restant dans cet état méditatif. Les ténèbres vivantes resteront en vous, conscient au cœur de votre conscience.

Prenez deux profondes respirations puis, quand vous êtes prêt, ouvrez les yeux.

Restez dans cet état méditatif et conservez en vous le mystère des ténèbres vivantes.

Purifiez vos cartes si vous savez le faire. Puis, battez-les, tout en laissant une question en émerger. Attendez-la – ne forcez pas les choses.

Quand vous êtes prêt, tirez et disposez vos cartes de manière à répondre à votre question.

Interprétez les cartes en gardant conscience du mystère qui vous entoure et qui illumine les cartes de l'intérieur.

TIRAGE : LA RIVIÈRE, LA TOUR, L'ANGE ET LE TEMPLE

Ce tirage repose sur les symboles étudiés dans ce dernier chapitre : les rivières, les tours, les anges et les temples. Il peut se faire sans question ou avec la suivante : « Qu'ai-je besoin de savoir, d'apprendre, de comprendre ou de faire à propos de… ? »

Ce tirage se fait en deux temps : une préparation, puis le tirage lui-même.

PRÉPARATION : CONSTRUIRE VOTRE TEMPLE (2E PARTIE)

Comme nous l'avons dit, même si certaines cartes évoquent des lieux sacrés, aucune ne représente véritablement de temple. Votre tarot tout entier est un temple. Nous allons prolonger cette idée et vous apprendre à personnaliser ce temple. Vous pourrez ensuite, si vous le souhaitez, répéter ce rituel préparatoire avant chaque tirage.

1. Trouvez tous les arcanes majeurs et disposez-les dans l'ordre, de 0 à 21.

2. Rassemblez-les en pile en commençant par poser le Monde, face visible, devant vous. Placez ensuite par-dessus tous les arcanes majeurs, un à la fois, dans l'ordre inverse, en terminant par le Fou. Retournez la pile et mettez-la de côté.

3. Faites de même pour chaque suite d'arcanes mineurs, en les rangeant du roi à l'as.

4. Posez vos quatre rois face visible, puis empilez le reste des cartes de chaque suite dans l'ordre inverse. Vous obtenez quatre piles commençant chacune par un as. Gardez ces piles face visible.

5. Vous allez maintenant organiser vos piles d'arcanes mineurs selon vos dispositions élémentaires. Pour cela, regardez les quatre as et choisissez celui que vous préférez, là maintenant. Placez la pile à votre gauche.

6. Continuez à choisir vos as par ordre de préférence, en rangeant chaque pile à droite de la précédente.

7. Vous obtenez ainsi quatre piles distinctes, dans l'ordre des as que vous préférez – depuis l'as que vous préférez jusqu'à celui que vous aimez le moins, plus la pile constituée des arcanes majeurs. Par exemple:

Arcanes majeurs

Bâtons* Coupes Pentacles Épées**

(*As préféré **As que vous aimez le moins)

8. Cherchez dans les arcanes majeurs vos cartes de naissance, si vous les connaissez. Posez-les sur la table face visible (si vous ne connaissez pas vos cartes de naissance, pas de problème: suivez le reste des indications en sautant cette étape).

Vous avez assemblé les pierres avec lesquelles vous allez construire votre temple. Il est temps à présent d'ériger l'édifice. Gardez l'aspect sacré de vos gestes à l'esprit pendant les dernières étapes.

9. Retournez chaque pile face cachée, sans en changer l'emplacement. Gardez vos cartes de naissance face visible.

10. Regroupez les piles en une seule, avec les arcanes majeurs en haut (à l'exception de vos cartes de naissance), suivis par chacune des quatre suites dans votre ordre de préférence. La suite que vous aimez le moins sera donc en bas de la pile.

11. Prenez la carte de naissance portant le numéro le plus petit et placez-la face cachée au sommet de la pile, et celle portant le numéro le plus grand en bas. Si vos cartes sont le Soleil, la Roue et le Magicien, insérez la Roue vers le centre de la pile.

12. Respirez et détendez-vous. Vous tenez votre temple dans les mains. Si vous aimez prier avant de procéder à un tirage, c'est un excellent moment pour le faire.

Tirage

Il est temps de passer au tirage en lui-même. Si vous posez une des quatre questions précédemment mentionnées (qu'ai-je besoin de savoir, apprendre, comprendre ou faire au sujet de...), concentrez-vous dessus tout en battant soigneusement les cartes. Sinon, adoptez un état réceptif.

Note: si vous tirez les cartes pour une autre personne que vous et que vous avez commencé par créer votre temple de cartes, battez-les brièvement, puis demandez à votre requérant de les mélanger minutieusement.

Le tirage consiste en quatre cartes:

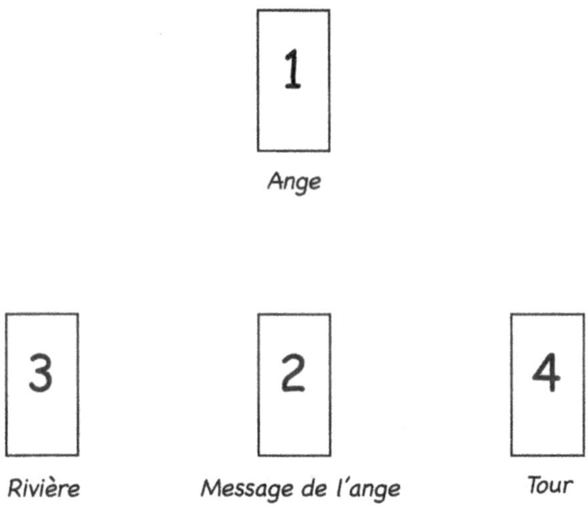

Carte de l'ange

1. Désigne l'archange envoyé pour vous transmettre le message.

Pour trouver quel archange vous a été envoyé, battez les cartes, puis retournez-les une à une jusqu'à ce que l'une des cartes suivantes apparaisse:

- *Les Amoureux:* Raphaël est le guérisseur, le réconciliateur, l'unificateur de tout ce qui est blessé, malade, brisé, dysfonctionnel. Il est l'ange de l'amour et de la joie.

- *La Tempérance :* Michel est le chef des armées qui affrontent les forces du mal. Il est l'ange de la colère divine, celui qui apporte justice, protection et guidance aux âmes qui souhaitent entreprendre le chemin de l'illumination divine.
- *Le Diable :* Uriel est une force de feu et de transformation. Il illumine les situations et prévient des dangers. Il est l'ange du rire et des secrets.
- *Le Jugement :* Gabriel annonce les prophéties et les révélations. Il est l'ange qui ressuscite ce qui est mort et réveille ce qui est endormi.

  Cette carte révèle le contexte du tirage. Si vous avez posé une question, cherchez en quoi la nature de l'ange tiré s'y rapporte.

  Placez l'ange en position n° 1, tout en haut.

  Prenez les trois cartes suivantes du paquet et placez-les dans la position indiquée sur le schéma. Utilisez la méthode de votre choix pour les interpréter.

Message de l'ange

2. Indique le message que vous avez besoin d'entendre en ce moment.

Cette carte contient un message important, voire la réponse principale à la question posée.

Rivière

3. Indique ce qui est fluide.

Cette carte décrit le type d'énergie qui vous portera naturellement, sans que vous n'ayez besoin d'intervenir.

Tour

4. Révèle ce sur quoi doivent porter vos efforts.

Cette carte décrit ce qui est exigé de vous en termes d'effort, de comportement ou de ressources.

*

Ce tirage puissant invoque consciemment l'énergie des anges. Pratiquez-le avec soin. Nous vous conseillons de prendre le temps de contempler le message transmis.

POSTFACE

J'ai fait la connaissance du tarot quand j'étais jeune, en marge de mes études sur la Rose-Croix et la Kabbale hermétique (une facette de la Kabbale hébraïque adoptée et utilisée par ceux qui étudient la magie et les traditions magiques occidentales). Je n'ai jamais eu l'intention d'utiliser les cartes à des fins divinatoires, une pratique plutôt mal vue par la *mystery school* dont je suivais les cours par correspondance. On m'avait en effet dit que la lecture de l'avenir dans les cartes risquait de me paralyser spirituellement. J'ai pris mes professeurs au mot et n'ai utilisé les cartes, dans les trois années qui ont suivi, qu'à des fins méditatives.

Le programme de l'école prévoyait que chaque élève peigne ses propres atouts de tarot. L'établissement fournissait donc vingt-deux cartes sur lesquelles n'étaient tracés que les contours au noir des personnages, accompagnées d'instructions de mise en couleur très strictes. Il fallait deux semaines pour peindre chaque carte, au cours desquelles nous devions réaliser en parallèle des études de texte et des méditations. Je dois reconnaître qu'à la fin de ces quarante-quatre semaines, je connaissais chaque carte dans ses moindres détails.

Le pouvoir mystique inhérent aux images m'est dès vite apparu. Le moment où j'ai terminé la mise en couleur du Fou reste l'un des souvenirs les plus incroyables de ma vie. Cette nuit-là, j'ai fait l'expérience d'une vision merveilleuse. Ça ne ressemblait à rien de ce que j'avais connu jusqu'alors (même dans les années 1960 !). C'était si intense que même après m'être réveillé et avoir allumé la lumière, les images continuaient à vivre devant moi.

Je ne vais pas vous ennuyer avec les détails curieusement personnels de cette initiation nocturne. Il me suffit de vous dire que c'était bel et bien une initiation – non une initiation au sein de l'école qui m'envoyait chaque semaine mes monographies, mais au cœur du temple du tarot lui-même. J'ai su sans l'ombre d'un doute que mes deux semaines en compagnie du Fou avaient réinitialisé ma psyché et m'avaient fait entrevoir un niveau de conscience supérieur. Qu'est-ce que ça serait quand j'aurais terminé les vingt-deux cartes, me suis-je dit !

Plus de trente ans plus tard, le tarot continue de jouer un rôle central dans ma vie. Il est mon compagnon de tous les instants. Sa structure et sa construction kabbalistiques parfaites sont une source constante d'émerveillement et d'illumination. Il est ma longue-vue, mon conseiller, le commentateur de ma vie. Les événements de mon existence, toujours changeante, sont pour moi pareils au fait de battre les cartes, les étaler puis les battre de nouveau. Ma relation avec le tarot a depuis longtemps transcendé l'étape du « Oh non ! Ce fichu Cavalier de Coupes essaie encore de me battre avec le 3 de Pentacles ! » Les cartes ont cessé d'être les métaphores visuelles de mon intellect et de mon raisonnement, pour devenir les anges messagers de ma vie intuitive. Dans le langage du tarot, je suis en train de passer du monde des Épées à celui des Coupes. Le tarot me fournit le langage secret pour y parvenir, le vocabulaire nécessaire pour exprimer ces ineffables subtilités spirituelles. Cette capacité à communiquer avec les divers aspects de notre être, à donner forme et sens à des facettes floues de notre psyché est sans doute l'un des plus beaux cadeaux du Tarot à quiconque ausculte son âme. Le langage secret. Le cadeau du dieu Thot.

Il y a longtemps que j'ai cessé de fuir le tarot comme outil divinatoire. Je ne veux pas dire par là que mes tirages sont une forme de prédiction de l'avenir. Le tarot, comme n'importe quel oracle, ne peut nous montrer le futur ni répondre directement à nos questions. Il n'est qu'un outil de perfection – et la vérité éternelle se révèle dans la perfection. Utilisés avec l'attention qu'ils requièrent, ces oracles annoncent le statut non pas du futur, mais du *Grand Maintenant*. C'est à celui qui consulte l'oracle d'entrevoir, d'une manière ou d'une autre, le futur – ou d'entendre la réponse à ses questions.

Cela étant dit, je peux avouer en toute honnêteté que je n'ai jamais consciemment pris de décision importante fondée sur une révélation des cartes (surtout si c'est moi qui les ai tirées) ou toute autre forme de divination – non que je ne fasse pas confiance à la sagesse et à l'efficacité des oracles, mais il se trouve que je suis un vieux fou égocentrique et têtu, qui suit rarement les sages conseils de ses amis et proches, et moins encore ceux d'un paquet de cartes ou d'un lancer de dés.

J'ai, en revanche, rencontré des experts dont les tirages apportent d'excellents conseils dans les prises de décision. Deux d'entre eux, d'ailleurs, sont les auteurs de ce livre dont je suis fier de rédiger la postface. Les Amberstone sont des amis chers (c'est moi qui les ai mariés) et les directeurs de l'une des écoles de tarot les plus respectables au monde. Leur connaissance du tarot est irréprochable, mais leur plus grande légitimité sur ce sujet sacré vient de ce qu'ils incarnent dans leur vie un équilibre, une sagesse et une santé mentale flagrants. En bref, ils sont de merveilleux exemples de vies illuminées par le contact et la maîtrise du langage secret du tarot.

Lon Milo DuQuette

REMERCIEMENTS

Amour et respect à tous ceux qui nous ont inspirés et nourris dans la création de ce livre : nos familles, qui ont éveillé en nous le goût du symbolisme, nos élèves de la Tarot School, sans lesquels nous n'aurions aucune raison d'avoir imaginé ce livre, Lon Milo DuQuette et Mary K. Greer qui nous ont encouragés à proposer ces pages à la publication, qui y ont contribué et qui nous ont mariés (ce qui n'était pas indispensable pour mener à bien nos projets d'écriture, mais ça aide !), Holly Voley, qui nous a fourni les scans du tarot bien particulier pour illustrer ces pages et qui nous a raconté sa fascinante histoire, David Heizer, qui nous a apporté ses conseils techniques et son aide généreuse et bienveillante dans la préparation du manuscrit et des illustrations, et enfin Brenda Knight, Amber Guetebier, Jordan Overby, Rachel Leach, Amy Grzybinski, Bonni Hamilton, Anne Hollingworth et le reste de l'équipe de Red Wheel/Weiser, qui nous ont accueillis avec beaucoup de joie et ont fait de ce livre une réalité.

À PROPOS DES AUTEURS

Ruth Ann et Wald Amberstone sont les cofondateurs de la Tarot School, qu'ils ont lancée en 1995. Ensemble, ils enseignent, écrivent et donnent des conférences sur le tarot, sous l'angle de la divination, de la psychologie, de l'ésotérisme ou encore de la magie. Ces pionniers perpétuels des techniques du tarot sont également d'éternels apprenants.

Ils ont écrit des livres, créé des tarots et donné un nombre incalculable de cours, d'ateliers et de séminaires. Les cours par correspondance de la Tarot School propose une approche exhaustive et structurée des cartes, tandis que leurs cours sur les cartes de naissance offrent pour ces dernières une approche approfondie et résolument unique.

En 2002, ils ont présenté, à l'occasion du New York Tarot Festival, le premier Symposium international de tarot de la côte Est. Leur Readers Studio, organisé annuellement de 2003 à 2019, est considéré comme la conférence la plus influente de son temps.

Leur singularité, et ce qui leur tient le plus à cœur, est qu'ils poursuivent inlassablement leur étude de l'architecture de la conscience humaine au travers des symboles et des structures du tarot.

numérique
Impression & brochage - France
Numéro d'impression : N27305250108 - Achevé d'imprimer : février 2025
Dépôt légal : février 2025
IMPRIM'VERT®
PEFC
10-31-3532